현형수 시
해설과 평론

현형수 시
해설과 평론

2024년 5월 3일 제 1판 인쇄 발행

지 은 이 ㅣ 현형수
펴 낸 이 ㅣ 박종래
펴 낸 곳 ㅣ 도서출판 명성서림

등록번호 ㅣ 301-2014-013
주　　소 ㅣ 04625 서울시 중구 필동로 6(2층·3층)
대표전화 ㅣ 02)2277-2800
팩　　스 ㅣ 02)2277-8945
이 메 일 ㅣ ms8944@chol.com

값 15,000원
ISBN 979-11-93543-77-1

※ 잘못 만들어진 책은 바꿔드립니다.
　 이 책 내용의 일부 또는 전부를 재사용하려면
　 반드시 저작권자의 동의를 얻어야 합니다.

현형수 시

해설과 평론

현형수 엮음

도서출판 명성서림

책 머리

가끔 펼쳐보는 책은 어제나 오늘의 일은 아니다. 때에 그때 따라 새로운 영감이 떠오르기도 한다. 우리가 경험하지 못했던 새로운 것들, 주관과 객관이 갈리는 곳에 문학과 나란 생각 속의 드러난 론리.

시詩란 실상의 자연의 존재하는 세계에 산새가 의존하는 듯 보여도 정녕 깊이를 헤아릴 수가 없는 것이다.

그리고 절대적 침묵이 잠시 의상을 빌려 입고 나타난 시詩 세계가 해설과 평론에 의존하면서 필자가 언어로 빌린 표현의 내용에 매달리는 것 같이 느낀다. 오직 우리에게 무분별하게 체험에 동의 하도록 호소하고, 전하고자 한다. 충동이 나로 하여금 군더더기를 붙이게 할 뿐, 무엇이 있겠는가.

2024. 5.

천미 현형수

해 설

잠언적 내용을 삶과 생활에 접목시킨 시편　　　　10
인간애적인 숭고한 사랑을 발현한 애정시편　　　　28
존재론의 탐구적 미학과 생활 보기　　　　　　　51
교훈과 의미적 삶을 유화한 잠언적인 시편들　　　71
다양한 상징성의 공감각적인 심상시 편　　　　　88

평 론

고갈되지 않는 맑은 샘을 향한 날갯짓	106
성찰省察이 빚은, 시인의 청정한 시적 관조觀照	119
만추晚秋에 응집凝集된 고아高雅한 시적 고찰考察 세계	144
만추晚秋에 보듬은 동양철학 수용受用과 시적 무드	157
잠언의 죽비로 그려진 십우도十牛圖	185
무공해無公害 정서와 의식의 청정성淸淨性	204

시가 있어 행복한 현형수 시인 / 이석래	214
현형수 시인 연보	216

잠언적 내용을 삶과 생활에 접목시킨 시편
- 현형수 시인의 시 세계 -

시인 최 창 도

　현형수 시인은 동양철학과 한학에 조예가 깊으신 분이다. 현존의 삶을 통해 물질문명 이전의 순수한 성리학, 일면 자주학의 기초가 되는 도덕과 윤리관을 포함한 교훈적 가치관을 새로운 시대에 접목시키려는 잠언적 시들을 주창하며 명상과 수련에서 오는 미래관을 예리한 통찰력으로 주시하고 있는 시인으로 보인다. 이제 그의 시들을 분석해 보며 새로운 시도로 그의 문학적 입지를 굳히고 있는 시적 내용미를 분석해 보자.

　　소통은 언제나 언어로만 오는 게 아니다

　　표정과 웃음 말 없는 처신에도
　　위력을 발휘하는
　　한마음 한뜻의 문장처럼
　　이상으로 가는 소통은

언제나 위대한 힘을 지닌다

현란한 손짓과 발짓
적절한 몸짓에 감정으로 호소하는
소통은 언제나 일회용이 아닌
분위기로 온다

그 사람만이 지니는 진실과 특성 안에서
늘 고요로 머물다가 어느 날
내 마음 안을 점령한 소통은

오늘도 그 사람의 그릇으로
문신처럼 붙박이로 머무는
그의 이름으로 유일하다

- 「비언어적 소통」 전문

　우리가 마음 안에 지니는 감정과 감성, 심성은 적절한 때와 시기와 시간을 조율하며 행동으로 표출된다. 정신과 마음 안에 내재된 언어는 종국에는 소통의 근원이 되어 삶의 일부분으로 일상과 생활로 환원된다. 의미적 요소로 명시적 관점에서 설정한 주지적 내용미가 돋보이는 이 시는 일면 군더더기가 없는 시어로 비교적 쉽게 유화되어 전체적인 이미지

image 역할론으로 존재감을 더하고 있다. 우리의 생활 범주 안에서 택한 표제어가 더욱 일미를 더하고 있는 이 시의 중심은 너와 나로 대칭되는 소통으로 종국에는 우리와 합치함으로써 동행으로 가는 대단원의 첫걸음이라 명징하고 있다. 4연과 5연이 단연 압권이다. 〈그 사람만이 지니는 진실과 특성 안에서/ 늘 고요로 머물다가 어느 날/ 내 마음 안을 점령한 소통은〉은 사람과 뜻과 이상이 합치하는 균형, 즉, 신뢰와 믿음을 근거한 과정을 은유한 것이고, 5연 〈오늘도 그 사람의 그릇으로/ 문신처럼 붙박이로 머무는/ 그의 이름으로 유일하다〉는 이 시의 존재감을 연장선상에서 시너지*synergy* 효과를 일으켜 이 시의 무게와 깊이를 더하고 있다고 하겠다. 이 시는 생활적 동기에서 오는 주지적 개념을 관조적, 즉, 지혜로서 사리를 비추어 보는 상징적 의미로 성공한 시로 보인다.

언제나 내 앞뒤에서
상황을 주시하는 순간의 일각
원인이 소멸될 때까지
어쩌면 기대가 과정을
앞서가는 것

착각 속에서 별리를 가지는
미처 발견하지 못한
그림자 뒤의 양지 한 뼘

지금 기회를 앞서
모든 생물의 발아를 보며
몸살을 앓고 있다

- 「착각」 전문

우선 발상과 구성 그리고 전개가 눈부신 이 시는 우리가 착시로 오는 현상과 도약을 위한 자기 준비 그리고 완성의 대단원을 밀도 있는 간결한 시어로 현장감을 더하고 있다. 우리의 삶을 표준으로 바쁜 일상을 공시적共時的 효과로 극대화하고 있는 시로 보인다. 우리는 과거와 현재, 미래를 일견하며 늘 다가올 미래를 추구하는 암시성을 가짐으로써 인간은 스스로의 도약과 발전을 도모한다. 이 시는 늘 현안을 앞서 생각하며 일보 전진함으로써 동시대의 사람들보다 우월성을 가지는 현시대적 상황을 공감각적 synesthetic 의미로 화자하고 있다. 종국에는 인간의 삶을 행복과 불행 안에 내재되어 있는 어떤 슬기를 뉘앙스nuance로 불음표도 남겨 놓음으로써, 주제를 소화하는 각 연의 동일성과 동질성, 그리고 연결성이 돋보이는 시로 시인의 안목을 우선 눈여겨보고 싶다. 특히 2연 〈원인이 소멸될 때까지/ 어쩌면 기대가 과정을/ 앞서가는 것〉, 4연의 〈지금 기회를 앞서/ 모든 생물의 발아를 보며/ 몸살을 앓고 있다〉는 시의적절한 시행으로 나름대로 표제어를 관찰하며 아포리즘aphorism의 시적 요소를 갖추려는 시인의 목표지향적인 면모를 탐구하는 요인이 되고 있어 미래의 시인의 시를 관조하는 일면도 볼 수 있겠다.

깊은 마음 안의 고즈넉한 편견
너와 나를 지킨 한마디의 말
거리낌 없이 나누면
벽 쌓은 억울한 불신과 앙금들이
어디선가 환하게 열린
꽃의 향기를 닮고 있음을
그대 지금쯤 누군가 말하고 있겠다
공감을 이룬 한 사랑이
그 벽을 허물고
한정 없이 꽃으로 피고 있음이여

- 「마음의 벽 1」 전문

　비교적 짧은 10행의 이 시는 우리가 삶을 관조하는 동안 늘 이해의 폭과 깊이가 되는 더불어 함께하는 동류의식을 시인은 각인시키려 함이다. 한세월 한세상도 마음을 열면, 즉 마음의 벽을 허물면 새로운 지평이 보이고 유토피아utopia적 근원의 발원이 되는 매개체 역할을 한다는 것을 시인은 주창하고 있다. 잠언적 요소들이 전연을 압도하고 있는 이 시는 특히 말, 즉 언어의 중요성을 역설하고 있다. 모든 삶의 중심은 언어에서 비롯된다는 의미적 암시성을 강조함으로써 그것이 곧 마음의 벽을 허무는 지대한 효과로 표출됨을 시인은 이 시의 전연체 곳곳에서 표기하고 있는 것이다. 즉 〈한마디의 말〉 〈벽 쌓은 억울한 불신과 앙금들이〉

종국에는 〈공감을 이룬 한 사랑이〉 〈한정없이 꽃으로 피고 있음이여〉로 응집력을 더하고 있는 것이다. 만물의 영장이라 일컫는 인간은 다른 동물과는 달리 언어를 가짐으로써 감정을 토로하고 여과, 순화하고 있는 것이다. 문명과 문화의 초석이 되고 있는 언어는 모든 방법론과 역할의 기초가 되어 우리가 수명을 다하는 동안 영구적으로 가지는 보람이요, 뜻이요, 희망이 아닌가. 후반부에서 시인이 일별하고 있는 시행들을 눈여겨볼 일이다. 〈그대 지금쯤 누군가 말하고 있겠다/ 공감을 이룬 한 사랑이/ 그 벽을 허물고 없이 꽃으로 피고 있음이여〉.

가끔 이야기 줄기에 관심을 두면
내용을 앞서 볼 때가 있다.
이를테면 미로 같은 잎새며 뿌리까지

거절을 우선하는 상대방의 입가의 묘한 미소
느낌의 중심은 오감에서 오지만
반응은 늘
눈과 귀를 먼저 기울이는 사람이 선각자다

정결한 관심
천구의 얼굴을 가진
한 뼘의 마음 안에 가지는
표정과 느낌

한 사람의 일생이

그 안에 내밀히 둥지를 틀고 있음이여

- 「표정」 전문

흔히 첫인상이라고 일컫는 표정은 결코 그 어떤 위장으로도 결코 스스로 만들 수 없는 자신만이 가지는 지고한 높이요, 자랑이요, 그 누구도 넘볼 수 없는 독창성과 개성을 지닌 자존심이다. 그 사람의 인격과 인성, 품성, 그리고 성장 과정, 목표한 이상과 뜻이 그 얼굴에 어느덧 표징되는 이 첫인상은 말하자면 인품의 결과론이다. 첫 연을 주목해 보자. 〈가끔 이야기 줄기에 관심을 두면/ 내용을 앞서 볼 때가 있다/ 이를테면 미로 같은 잎새며 뿌리까지〉. 처음의 순서로 그 사람만의 독특한 인성에 근거한 첫인상을 은유적으로 매우 심플simple하게 상징성을 더하고 있다. 이 시의 전연체가 주는 면모는 논리적 비약을 삼간 채 인간 본연이 간직한 심성도 간접적으로 유화하고 있다. 그리고 2연은 몇 가지 유형의 인간적 개성과 독창성을 언급하며 그 표정 아래 오묘한 상생의 어떤 가치관을, 그리고 3연에서는 마침내 궁극적으로 그 사람만이 가지는 세상 살아가는 목적의식에 기초한 하나의 자존심으로 마음 안에 깊이 내재된 어쩌면 그 어떤 환경에서도 흔들리지 않은 내밀한 근거는 즉 그 사람의 인성과 인품에서 비롯된다는 의미적 요소를 표징 지으며 하나의 검증된 현안을 우리가 생활적 이상을 표현함으로써 확실한 주제를 명시적으로 거론하고 있다. 이 시는 일견 평범한 시 같이 보이지만 발상과 전개가 내밀한 투시로 보는 사람 안의 잠재된 마음까지 언급하고 있어 호감을 더하고 있는 시로 보인다.

    언제나 재미있게 듣는
    실패의 뒷이야기

    현재의 온전함과
    한 시절의 시련이 어울려 함께
    인연이 되는 한때의 실패 이야기

    성공 앞에 나란히로
    언제나 추억처럼 간직하는
    그때 그 시절의 실패 이야기

           - 「체험 이야기」 전문

  우리의 삶은 살아가는 과정에서 어떠한 소모적인 논쟁을 하더라도 더불어 이해하고 용서하며 협조하는 가운데 또 다른 대안을 제시함으로써 더욱 발전하는 계기가 마련되는 것이다. 즉, 원인과 과정, 결과론으로 대별되는 이 세상의 작고 큰 사안들은 모든 것이 처음부터 목적한 이상적인 마무리로 완성되는 것은 아니다. 때로는 좌절과 실기, 시련과 고통으로 말미암은 또 다른 시행착오 등으로 조금씩 진일보되고 향상의 길로 차츰 소기의 목적 달성으로 다가가는 것이다. 잠언적 교훈적 요소의 이 시는 연의 결구마다 〈실패의 뒷이야기〉 〈한때의 실패 이야기〉 〈그때 그 시절의 실패 이야기〉로 마무리 지음으로써 강조법과 반복어 형식을 동시에 운용함으로써 점층법 형식을 도입한 것은 시인이 가지는 탁월한 역량에서일 것이다. 어떤 산만함이나 난해성 없이 시의 정통성을 응화한 이 시는 연마다 작은 변화variation를 줌으로써 하나의 독백체의 모놀로그monologue 형식을 전개함으로써 더욱 우리의 마음 안에 오래 간직되는 심성을 본연체로 삼았다는 의미에서 주목할 필요가 있겠다. 그렇다. 언제나 실패 뒤에 오는 성공, 성공 안에 내재되어 있는 실패 이야기를 거울삼아 반전의 기회로 삼아야 할 것이다. 이는 인류의 문화와 문명이 지속되는 한 계속될 것이며, 삶의 줄기와 열매와 뿌리로 늘 우리의 정신 안에 각인될 것임은 분명해 보인다.

나란히 섰을 때 앞과 옆 그리고 뒷면이
여러 각도에서 조금씩 기울기로
어긋나거나 팽팽히 긴장을 더하거나
순간 모서리로 멀어지게 되면
그만큼의 마음의 언저리는
늘 불안해서

한가지의 뜻을 가진 사람이라도
공간은 누구냐에 따라서

크면서도 작고
줄기도 하고 온전한 부피와 무게로
물리적 거리를 만진다

지금 마음 밖을 이미 떠난 거리는
어디쯤
또 다른 나의 세계를 헤매고 있을까

-「한세상 읽기와 보기」전문

    이 시는 주제를 소화하는 느낌과 발상, 구성적 요건이 단연 압권이다. 이 시각 현재에서도 생을 반추하면서 사는 여러 모습과 현안적 상황을 극명하게 대비시킴으로써 시인의 시적 화자와 화두를 의도한 대로 완성한 수작이다. 우리는 현재를 살면서도 늘 우리를 이미 떠난 감지할 수 없는 여러 인식과 시간적 별리, 그리고 우리가 볼 수 없고 유추할 수 없는 생각 밖의 거리에서 헤매고 있는 사실적 의미와 공존, 그리고 불투명한 미래를 늘 물음표로 불안해하고 있다. 하여 우리는 순간과 기회밖에 안 보이는 데에서 이루어지고 진전되는 여러 현안들과 사실적 의미를 늘 의식하며 살아간다. 시가 갖고 있는 회화적 요소와 의미적 요소를 집합한 이 시는 마치 어떤 의미적 요소를 살아 있는 것같이 표현한 환유법을 도입한 시로 시적 언어를 제련, 가공하는 시인의 깊은 통찰력에 감탄하지 않을 수 없다. 그리고 1연~3연에 이르기까지의 일련의 표제어를 묘사, 수사한 시행들이 요소마다 눈부신 역할론으로 재생되고 있어 단연 수작이다. 즉, 발상에서 오는 시작-과정-결어는 얼마나 흔쾌한가. 그리고 1연에 의미한 사안의 시적 답안은 3연 〈지금 마음 밖을 이미 떠난 거리는/ 어디쯤/ 또 다른 나의 세계를 헤매고 있을까〉에 명시화하고 있다. 그렇다. 현재의 우리의 마음 안을 떠난 여러 현안적 요소들은 어떠한 긴장감으로 혹은 물음표로 우리에게 긴밀하게 돌아올 날들을 기다리고 있을까. 인간만이 가지는 영원한 숙제일 것이다.

일부분은 늘 이기적이어서
언제나 중심의 한 표면에 머문다

색상과 옷차림새의 관습에
한 사람의 인품과 인성이
그 사람의 고매한 이름으로 산다

오늘도 효과적으로 돌아오는
한 습관의 매력을 목례로 맞이하면
한때 한순간의 시간이 신기루로 온다

그대 속내를 간직하지 않더라도
면면의 기억이 돌아오는 그쯤서
나는 그대를 만난

시간 속의 영상을 꺼내 읽는다

그대의 참한 순간이
오늘도 나의 한 기회로 돌아오는
시간을 만진다

- 「어떤 마력」 전문

시적 화자를 거느리고 있는 것은 '그리움' 과 '사랑'이다. 한 사람을 사랑하고 못 잊어 간직한 마음 안의 표출을 2연의 〈그 사람의 고매한 이름으로 함께 산다〉와 3연의 〈한때 한순간의 시간이 신기루로 온다〉, 4연 〈나는 그대를 만난/ 시간 속의 영상을 꺼내 읽는다〉, 그리고 대단원인 5연에서 마침내 고백적 사랑의 응집력을 표출하고 있다. 〈그대의 참한 순간이/ 오늘도 나의 한 기회로 돌아오는/ 시간을 만진다〉. 이 얼마나 보람과 뜻을 지닌 지고한 사랑의 높이인가. 시적 상상력 imagination을 복원한 진실성 reality에 오직 감탄할 뿐이다. 시어를 응집하는 놀라운 효과적 참신성과 사랑을 매개체로 한 어떤 마력을 이끌어가는 각 연의 시행들이 마치 어떤 사물을 스케치하듯 유연하다. 신선한 영상미까지 갖춘 이 시는 참으로 군더더기가 없는 환상적인 분위기 속에 감각적인 시어들이 곳곳에서 제 역할을 하고 있어 더욱 묘미를 더하고 있다. 심미적인 논리에서 탐미주의 예술의 근거인 유미성을 접목시키려는 시인의 혜안에 놀랄 뿐이다. 그리고 4연 〈그대 속내를 간직하지 않더라도/ 면면의 기억이 돌아오는 그쯤서/ 나는 그대를 만나/ 시간 속의 영상을 꺼내 읽는다〉, 5연 〈그대의 참한 순간이/ 오늘도 나의 한 기회로 돌아오는/ 시간을 만진다〉는 참신성에 근접시킨 빼어난 시어들의 합류를 보는 듯한 시행들이 단연 빛난다.

어렵고 즐거운 것은
오래 머물지 않는다
지워지고 떠남으로써
더욱 아름다운 한세월 한세상
그러므로 인생은 더욱 낙천적으로 살 일이다
작은 것을 오랫동안 간직하는
기쁨을 맛보는 것도
하나의 희열 아닌가
세상의 모든 것이 영원한
자기 소유물이 아님을 알 때
겸손의 알뜰함으로
비로소 보이는 새 하늘
넓은 이 세상의
저 풍요로움으로 오는
아직도 설레는
우리들의 희망처럼

− 「오래 머물지 않는다」 전문

누구나에게 공평하게 돌아오는 시작과 과정과 결론 안에서 생성되는 뭇 사연 중에서 우리는 마음 안에 간직되는 사연과 세월이 가면 잊는 것, 혹은 일련의 지워지는 것들 속에서 한세월 한세상을 산다. 더러는 못 잊을 회상과 추억으로 오는 것들도 언젠가는 소멸되기 마련이다. 그리고 못 잊어 간직하며 혹은 잊음으로써 더욱 빛나는 것들도 있다. 이 시는 하나의 교훈적 생활 시로 사람 사는 일상을 보통 사람을 도입하여 하나의 동기 부여를 한 시로 보인다. 그리고 모든 것을 초월하여 자기를 비울 때 비로소 보이는 또 다른 세상을 언급하여 이 세상을 누구나 자신의 전 유물이 아니란 것을 예의 거론하며 공평한 삶의 현장을 함께하는 동류의식으로 희망적 견해로 마무리한 것이 우선 돋보인다. 행복도 불행도 그 어떤 어려움도 영원하지 않은 하나의 과정으로 모두 공평한 가운데서 출발한다는 의미에서 우리는 어떤 희망 같은 게시로 오늘을 유지할 수 있는 원동력을 얻지 않겠는가. 비교적 쉬운 시어로 과장법 없이 언급한 전연이 우리 생활의 주체를 소화하고 있고 누구에게나 공감이 가는 심상으로 재생되고 있어 친밀감을 더하고 있는 이 시는 우리의 보편적인 삶의 기준을 '안정감'을 표준으로 결코 어떤 시련이나 고통, 그리고 위기나 난제들 속에서도 흔들리지 말고, 결코 그 어떤 행복과 즐거움도 오래 간직되지 않는다는 순환 속의 생활을 언급함으로써 늘 초심으로 자기 유지와 처신과 관리를 당부하는 암시성을 내면에 깔고 있어 잠언적 교훈적인 생활시의 백미로 보인다. 그러면서도 주지적 내용을 소홀히 하지 않는 시인의 안목을 높이 사고 싶다.

무심결에 말이지
내 행동이 하나의 정보로
간헐적으로 남의 화제가 되었을 때
참으로 쑥스럽기는

사소한 몸짓 하나
행동 하나에도
신체의 일부를 의식하는 것은
언제나 내외하는
부끄러움으로 오겠지

오오, 나를 이룩한
무심결의 행동과 자유를
오늘도 누구의 입방아와 화제가 되어
나를 옭아매는 이유가 되어
24시를 유린하겠지

- 「무심결의 행동」 전문

우리는 행동 뒤에 오는 결과는 아무도 예견하지 못한다. 그것이 커다란 재앙이 되어 돌아오거나 어떤 생활과 자신을 옭아매는 결과론으로 예기치 못한 인생의 전환점으로 발효되는 것을 우리는 우선 경계해야

되는 것이다. 그래서 우리 격언에 '다시 한번 생각하고 행동하자'라는 말들이 인생 지침이 되어 일부 회자되고 있는 것이다. 의미적 요소의 이 시는 우리 주변에 만연하고 있는 여러 상황적 결과론과 행동 하나에라도 자기를 집중해야 하는 인식의 깊이를 주지시킴으로써 보다 나은 생의 질과 높이와 만족도에 유의하라는 개념도 함축하고 있는 시이다. 1연의 〈무심결에 말이지/ 내 행동이 하나의 정보로/ 간헐적으로 남의 화제가 되었을 때/ 참으로 쑥스럽기는〉은 일부 해학humor과 풍자satire를 거느린 시로 가볍게 진전하여 2연의 몸짓과 행동 하나에도 사소한 실수나 결함이 없도록 주의하여야 자기 관리의 원천이 되고 남으로부터 결코 소외되지 않는다는 도덕적 윤리적 의미를 주변에 깔고 있다.

어쩌면 이 시는 한국적인 정서가 물씬한 상징성의 의미도 일면 내포하고 있어 생활적 목표가 가지는 요소와 그로 말미암아 파생되는 여러 사실적 근원을 언급한 것에 의미를 두고 싶다.

인내심은 결과의 부산물이나
노력 앞에 전도되는
무한한 가능성

오늘도 빛으로 열로 환원되는
진부한 생애의 결실
모름지기 숨겨지고 드러난 것
혹은 자기도 모르는 비밀한 건

보물처럼 지키며 찾기다

밤하늘에 일찍 온 별처럼
저무는 새벽까지
누리를 지키는 뿌리 깊은 왕별처럼

- 「자극」 전문

　인간이 지니는 속성은 어느 날 갑자기 자기를 지키지 못하고 커다란 실기를 하거나 재앙으로 당황할 때일 것이다. 우리가 계속되는 일상 속에서 틀 속의 안위에 만족하며 현재를 거느릴 때 혹은 주위를 소홀히 했거나 미처 생각지도 못하는 일련의 사건이나 현안들에 관해 당황할 때가 가끔 있는 것이다. 이 詩의 주안점은 어떤 조건이나 여건, 환경 속에서도 자기를 지키기 위해서는 늘 자극적 삶을 유지하라는 일련의 메시지를 우리에게 주고 있다. 시는 어떤 사실적 의미나 서정적 면모나 생활적 근원에서 파생되는 여러 실험적 요소를 갖고 있더라도 그의 미의 높이가 우선된다는 사실적 의미를 우리는 인식할 필요가 있는 것이다. 3연 〈오늘도 빛으로 열로 환원되는/ 진부한 생애의 결실〉에서, 모든 사실적 의미를 함묵하고 있는 이 시행들은 참으로 빼어나다. 우리는 끝없는 자극으로 스스로 나태해지지 않기 위해 자신을 꾸준히 연마함으로써 어떠한 자극으로도 스스로 무너지거나 도태되지 않는 두 가지의 목적을 정신적인 요소로 동시에 가지는 슬기로움으로 현시대를 이겨 내는 이상적 삶을 유지해야 할 것이다. 5연 〈밤하늘에 일찍 온 별처럼/ 저무는 새벽까지/ 누리를 지키는 뿌리 깊은 왕별처럼〉이 바로 그것이다. 한 생애를 살면서 우리는 언제 어느 때든 희망적 비전을 예시하는 전초적인 역할을 하는 '자극'이 언제나 발전의 초석이 됨을 명기하는 것도 하나의 앞서가는 지혜일 것이다. 이상 현형수 시인의 시들을 일별해 보았다. 생활 속에 근거한 잠언적 혹은 교훈적인 시들을 산재함으로써 앞서가는 문명 비판과 문화적 사고의 깊이를 비교 분석하는 시들을 선보임으로써 천편일률적인 시들로 승부하는 요즈음 시인들과의 차별화를 목적으로 하고 있다고 보여진다. 더욱 정진하여 개성과 독창성을 함유한 그의 시들이 문단에 새로운 지평을 열어가기를 바라는 마음 간절하다.

인간애적인 숭고한 사랑을 발현한 애정시편
- 현형수 시인의 시 세계 -

시인 최 창 도

　모든 문학 작품은 어떤 형태로든 순서와 과정과 결과를 가지나, 특히 시詩에서는 주지적 내용미를 형상화하는 관찰력과 경험 그리고 체험이 바탕이 된 시인의 정신이 여과 투영되어야만 생산적 가치의 높이와 깊이를 가지는 시로 자리매김한다고 보여진다. 하여 시를 곧 시인의 마음속 거울이라 일컫는다. 두 번째 시집을 상재하는 현형수 시인은 긍정적 삶의 모태 위에서와 유가적인 뿌리의 깊이에서 오는 인문학人文學을 연구한 분으로 세상을 관조하는 탁월한 삶을 연관 짓는 독창성을 가진 분이다. 여러 면모의 삶을 살며 교훈적 소산에서 오는 인성과 품성의 시들이 각기 다른 역할론으로 재생되고 있는 시인의 현재를 들여다보며 우선 표제가 된 시 「언제나 내 안의 당신」을 직시해 보자.

　이미 떠난 당신이
　언제나 내 안에 있듯이

늘 투명한 길 걸으며

간간이 짧은 말에 익살의 그 웃음

지금도 잊지 못해

그 시절의 추억들

들었다 놓았다 하며

아직도 받아들이지 못해 쩔쩔매는데

선명한 한세상

어느 순간 혹 날아간 순간

나는 바보처럼 사네

언제나 서로를 지키는

굳건한 사랑처럼

우리에게 닿은 지순한 한세상

확대 재생하며 사네

처음 만남처럼

이미 떠난 당신이 내 안에 살 듯이

- 「언제나 내 안의 당신」 전문

이 시는 평생을 함께한 내자內子와 사별한 시인의 한 생애를 함축한 시로 추억 소묘와 인간애를 근거한 눈부신 부부애와 금슬과 사랑을 현재 회귀형으로 응축한 시이다. 사별한 아내와의 정신적 사랑을 함께하고 있는 시인의 눈물겨운 회고적 사랑이 중심이 된 이 시는 감성이 우선 되는 시의 표준이 제가끔 진실성reality을 더한 시어와 시행들이 우선 압권이다. 그리고 첫 연 〈이미 떠난 당신이/ 언제나 내 안에 있듯이〉와 마지막 연의 〈처음 만남처럼/ 이미 떠난 당신이 내 안에 살 듯이〉는 반복어 형식으로 이루어졌지만, 어쩌면 수미상관의 관계처럼 처음과 과거를 연결 짓는 동기를 부여하는 뉘앙스nuance를 계속 갖게 함으로써 인간애와 부부간의 사랑에 관한 자생력도 가진다. 그리고 생애를 반추하는 여러 변별력이 한 시대와 세월을 연대하는 시간적 공유성을 가짐으로써 못 잊을 자취와 흔적을 남겨 놓고 간 내자內子에 관한 절절한 그리움과 애착이 더욱 명료히 표징되고 있어 매우 심플simple하다. 그리고 시적 화자를 풀어가는 시인의 시적 높이와 기교와 한 생애와 한세상을 복원하는 직유와 간접 화법이 하나의 휴머니즘humanism의 내용미를 함축하며 자연의 섭리와 윤회적인 내용미를 배경에 은연중 표식함으로써 발상과 구성적 효과도 함께 지니고 있다. 2연의 〈늘 투명한 길 걸으며〉〈지금도 잊지 못해〉〈아직도 받아들이지 못해 쩔쩔매는데〉〈나는 바보처럼 사네〉〈우리에게 닿은 지순한 한세상/ 확대 재생하며 사네〉는 과거와 현재 그리고 미래를 연관 짓는 일련의 부부애로 인한 사랑을 의미적 운명론으로 승화시킨 시행으로, 현재의 삶의 주지를 현실적 생활에 대입시키며 사랑을 매개체로 초연한 시인의 감정과 감성을 자력으로 극복하며 영원주의로 마음 안에 각인시키겠다는 결연한 의지로 사랑을 승화시킨 수사와 묘사가 시의적절히 운용된 시로 평가하고 싶다.

화려하고 수줍게
매화도 피고 산수화도 피고
외로움과 설움을 멀리하고
꽃으로 피어나는 시절
힘든 겨울 조금 참았으면
홍매화 피었다 지는 모습 말고
고통 속 인간애 피는 가장 멋진 꽃 보련만
사랑이여
꿈꾸는 파아랑 미래처럼
어느 무렵인가 그 풍경
머릿속에 고스란히 남아있는데

언제 어디서나 환한 이미지 이미
캄캄한 어둠 그곳 벗어났을까
눈물겹도록 황홀함보다
고매한 정신과 기개로
흥에 겨워 노래 부르고 춤추며
빨간 피꽃 빨아가는
흡혈귀가 우글거리는
캄캄한 터널 같은 곳 벗어나
봄이면 만상을 비추이는 산자의 웃음처럼 화안꽃
어디 그 꽃만 하겠습니까

- 「화안꽃」 전문

시의 주제가 되는 「화안꽃」은 아름다움을 일컫는 주로 여성의 모습과 표정, 그리고 밝음과 맑음을 일컫는 말이다. 이 시는 계절을 도입하여 꽃과 추억의 한 시절을 묘사하고 있으며 종국에는 병동에서 최후를 맞는 순간의 고통을, 그리고 현실의 최첨단 의료기술이 자부하는 이면에서 파생되는 치료와 시술을 위한 여러 부작용을 언급하고 있다. 경험적 직유시이면서도 어쩌한 상황 속에서 진작되는 여러 삶의 본질적 요소 안에서 생전의 아내를 생각하는 극진한 사랑과 그 사랑 안에 깃든 요소들을 꽃과 계절, 화안한 모습 등을 재생시키는 기법이 탁월하다. 전반부 후반부를 각 10행 남짓으로 나눈 이 시는 상황적 인식의 유효시기를 명징 짓지 않고 현재 진행형으로 도출함으로써 하나의 독백체 형태로 구성 짓고 있다. 전반부는 회고적 삶의 전성기를, 그리고 후반부는 중환자실에서의 치료 목적의 의료 행위란 명목 아래 매일 채혈해 가는 과정을 흡혈귀라 명징 짓고 〈봄이면 만상을 비추이는 산자의 웃음처럼 화안꽃/ 어디 그 꽃만 하겠습니까〉로 논리적인 비약으로 시를 마감하는 여유를 보인다. 동일성 $cicientity$ 의 연계된 주제를 상상력을 복원하여 개연성을 가진 시로 안정감을 추구하는 명상적 순간에 초점을 맞추고 있다. 첫 연에서 〈화려하고 수줍게/ 매화도 피고 산수화도 피고/ 외로움과 설움을 멀리하고/ 꽃으로 피어나는 시절〉에서 보듯 희망을 견인하듯 한 시절의 촉매제로서 신선한 맑음과 참신함으로 시작한 이 시는, 군더더기가 전혀 없는 고요와 평화, 그리고 넉넉한 자유가 모티브 $motive$ 가 되고 있다. 과거와 현재를 이분법화한 화자로 자신의 현재의 심경과 스스로를 통찰하려는 각고의 노력이 일미를 더한 감성적인 시로 성공하고 있다고 보여진다.

그 언젠가 추억이 꽃진 자리
첫가을 양강의 길 위에
사철이 녹음이듯
물억새들의
풍경으로 오는 몸짓들 보며

여린 햇살 한 줄기
꿈길에 어리우듯
촌각의 시각 그 강변에
어울리듯 무지개 한 쌍
신기루로 가고

하늘의 시샘이듯
다만 저문 황혼길을
호올로 걸어가는 내가
문득 나를 돌아보며
이승의 나이를 셈해 보며
가슴앓이로 오는 날

-「물억새의 가을」전문

공감각적인 이미지를 시각적으로 표징한 의미적 요소와 회화적 요소를 두루 갖춘 시로 보인다. 3연이 각기 독립된 개체로 별리를 가진 단원으로 구성되어 우선 이 시의 맥락과 같이 동질성으로 호흡하고 있는 것이 참으로 눈부시다. 서정성의 본질을 과거의 추억과 현재와 미래를 도입하여 상징성의 변화를 준 것과, 현재 자신을 돌아보며 세월 무상의 인식의 깊이를 더하는 이 시는, 자연을 시의적절하게 접목함으로써 서정성lyricism의 앙상블을 이루고 있어 시너지synergy 효과도 함께하고 있다고 보여진다. 그리고 우리 인간의 한 생애를 간접 수사함으로써 내용적 의미와 수사를 극대화한 이 시는 한 인연의 결과물인 처음의 인연과 과정, 그리고 쇠락의 길을 언급함으로써 자칫 감상주의로 흐를 시를 적절한 시어의 수사와 탁월한 묘사를 활용함으로써 결국 동행이란 우리 인간의 명제를 이끌어 내고 있다. 2연 〈여린 햇살 한 줄기/ 꿈길에 어리우듯/ 촌각의 시각 그 강변에/ 어울리듯 무지개 한 쌍/ 신기루로 가고〉에서 보듯 시인의 완숙한 시의 기교와 폭넓은 이미지 창출에 감탄할 뿐이다. 이는 그리움과 절정의 사랑이 결실되고 무지개 한 쌍으로 비유되듯 부부의 연을 맺은 뒤 어느덧 서로 이별한 장면을 〈신기루로 가고〉로 언급한 시행은 참으로 빼어난 절구로 발군이다. 맑고 아름다운 이 시는 마치 스케치하듯 옮긴 자연과 숭고한 사랑의 발아로 결실과 이별을 함께 아우르고 있어 영상미까지 갖춘 가작으로 보인다. 거부감으로 오는 종결미를 '다'로 표징하지 않은 것도 시의 정통성인 뿌리 깊은 어떤 리듬과 여운의 부산물로 남겨두고 있어 교과서적인 완벽한 서정시로 성공하고 있다. 이 시가 성공할 수 있었던 것은 현재의 자신을 회고적 의미로 바라보는 동심의 근원인 신선한 비유와 참신성을 정감적으로 마무리한 것에 기인한다고 보아진다. 초월주의의 명상적인 시를 보듯 경쾌하고 내밀한 관계의 소재들을 일별하여 시의적절히 운용한 것이 이 시를 성공적으로 이끈 것으로 보인다.

부양받고도
지병에 찌들어진 한세상
언젠가는 떠나게 되는 인생
무지의 세계 요령껏
남은 삶에 비위 맞추며

마음 괴로움에 더욱 슬퍼
아직도 긴요하게
정체 모를 마지막 업보와 씨름하며
살아남은 자의 서리움
결코 피할 수 없어
오오 모골이 송연한
이 비통함

인생 끝자락
천 길 낭떠러지에
이름 모를 공포로

홀로이 서 있는 산자의 억울함

- 「죽음 앞에」 전문

주지하다시피 현형수 시인은 얼마 전 평생의 반려자인 아내와 사별한 바 있다. 뜻과 이상과 인연으로 만나 한세상의 만남을 극복하며 서로의 전부가 되었던 내자內子를 잃고 자신을 추스르는 데 오랜 시간이 걸렸으리라, 시인은 세상을 보는 또 다른 눈을 가지게 된 것도 그의 문학적인 새로운 지평을 열어가는 한 세계가 된 것도 이와 결코 무관하지 않으리라 생각된다. 이 시는 독백체의 모놀로그monologue로 회자되고 있다. 아무리 깊고 튼실하고 유일하게 이룩된 사랑도 언젠가는 홀로이 되어 종국에는 그마저 세월의 윤회론으로 한 줌의 이슬로 사라진다. 이는 영구불변의 태생적 섭리인 것이다. 잉태에서 탄생의 순간이 축복받았다면 이후를 스스로 노력하며 개척해야 하는 인생길이 또한 만만치 않은 것이다. 종국에는 늙고 병들어 모두 자연으로 회귀하는 것이 인생사 아닌가. 3연으로 된 이 시는 한 인생을 절제와 압축으로 표현한 아포리즘 aphorism의 시 세계를 표출하고 있다. 허무주의로 출발하여 감정의 우월적인 존재를 말하는 주정적 사고를 대입한 시로 보인다. 1연의 〈무지의 세계 요령껏/ 남은 삶에 비위 맞추며〉, 2연 〈살아남은 자의 서러움/ 결코 피할 수 없어〉에서 보듯 결코 현실적인 외로움과 우울감, 그리고 고독감이 이 시의 전연을 지배하고 있음을 유의해야 할 것이다. 어쩌면 산자의 신앙적 근거가 되는 일련의 시어에서 결코 정답은 없는 것이다. 그 어떤 최악의 환경과 여건, 그리고 설움과 고독감 상실감을 극복하고 도생하는 방법은 각자의 정신과 마음 안에 상존하는 모범답안을 어떻게 유지 발현 개척하느냐에 따라서 인생 후반부의 아름다움의 삶의 원천이 될 것이다. 3연 〈인생 끝자락/ 천 길 낭떠러지에/ 이름 모를 공포로/ 홀로 이 서 있는 산자의 억울함〉, 원망과 한탄과 절규만으로 되오지 않는 삶, 그 해답을 우선 찾는 데서 우리는 유효한 삶의 가치적 존재를 아름답게 마무리할 것이다. 끝없는 메아리로 환유되는 인생의 중심길에서 인간의 삶, 즉 생生과 사死는 마음 안에 준비된 정신과 정서의 영역 안에서 더불어 사는 공존의 가치관을 지니고 있음은 분명한 일이 아닌가.

순간의 기적에도
잠시 나와 만날 수 없는
자연의 참한 진실 앞에
발걸음도 늦춘 그 모습
산소 같은 봄 양지에서
꽃잎새 나란히 나란히로
그 얼굴 내밀히 꽃웃음 건네듯
쫓기어가는 걸음걸음

함께 만난 풍경들
몸과 마음과 함께한 날들 지우며
이젠 나답게

맹세로 앞서 걷는 날
그 촌음의 시각에
우리를 비롯한 한 생애
비로소 생강나무 꽃향기에
비워지는 정갈한 물음 하나
오늘도 나를 이끌고

24시를 힘겹게 걸어가네

- 「생강나무꽃」 전문

낙엽 활엽의 작은 교목인 생강나무는 다년생 식물로 약용으로 효험이 있으며, 음식의 조미료나 치료에도 각광을 받는 식품이다. 더구나 꽃의 향기는 독특한 개성을 지니고 있어 향신료로도 각광을 받고 있다. 여기서는 부부의 화합과 금슬, 그리고 함께하는 공감 등을 내면에 깔고 있는 시로 보면 되겠다. 보편적인 삶이 외에 부부만이 가지는 극명한 믿음과 신뢰와 전자에 언급한 여러 요소들을 간접 회자한 시이다. 주체를 이끌고 있는 화자는 언제나 어디서나 생애를 다할 때까지 함께하는 정신적 마음의 동행을 〈생강나무꽃으로〉 연계시키며 동류의식을 이끌고 있다. 시적 구성 요소가 되는 내적 선율로 참신한 모티브motive를 재생시키는 응집력을 갖고 있는 이 시는 사랑의 원형의 본질을 잠재의식으로 계속 활용하고 있는 것이 특징성을 가진다. 현실적 한계를 무시하고 꿈꾸는 맑음의 마음 안에 간직된 부부애의 초심을 우회적으로 묘사한 이 시는 과거의 세월-함께한 공유-현재의 심경을 일체화함으로써 절정을 이끄는 심상으로 감동을 주고 있다.

1연의 〈꽃잎새 나란히 나란히로/ 그 얼굴 내밀히 꽃웃음 건네듯〉, 2연의 〈비로소 생강나무 꽃향기에/ 비워지는 정갈한 물음 하나〉에서 우리는 지금 순간 이 세상에서 제일 행복해하는 원론적인 시인의 이유를 어느 정도 유추했으리라 믿는다. 그리고 마지막 결구인 〈24시를 힘겹게 걸어가네〉에서 아직도 초심으로 간직한 뿌리 깊은 내자內子에 관한 궁휼한 사랑 하나가 시인을 일으켜 세우고 삶을 유지하는 근본임을 고백함으로써 진실성reality에 연계된 사랑은 언제나 죽지 않는다는 확고부동의 명제를 우리는 발상적 근원에서 찾을 수 있겠다.

속 터놓고
정신까지 내놓고
그 잎에
간절한 마음 마주하며
내 속에 왔다가
네 속까지 가늠하며

서로의 안에서
둥지를 틀며
다만 바라보아도

거울같이 보이던 속마음

언제나 우리를 지탱해 주던
한 생애 울울창창하던
그 푸르름같이

- 「벗」 전문

무릇 우리 삶의 인생에 서로의 마음 안에 깃들 신뢰와 믿음으로 형성된 뜻과 이상을 합일하여, 인연과 관계로 서로의 정신을 주고받을 만한 벗 하나 있으면 그 인생은 참으로 성공한 삶이라고들 얘기한다. 이런 의미에서 본다면, 요즈음 시대를 지배하고 있는 비방과 모략, 그리고 불신과 맹종, 시기와 독선을 준열하게 비평한 이 시는 하나의 의미적 시로, 공감각적synesthesthesta 시로, 압축과 절제와 간결미가 돋보이는 시로, 특히 내용적 수사가 특징성을 지니는 시어를 요소요소에 집합시킴으로써 참으로 가편이라 할 수 있겠다. 나와 너로 대별되는 인칭대명사적 관계를 도입하여 하나의 일치로 가는 마음과 정신의 상관관계를 일목요연하게 대별시킴으로써 긴장감까지 더하고 있는 이 시는 특히 1연의 〈내 속에 왔다가/ 네 속까지 가늠하며〉, 2연의 〈서로의 안에서/ 둥지를 틀며〉, 3연의 〈한 생애 울울창창하던/ 그 푸르름같이〉는 시인이 시를 연마 가공하는 기법과 기교가 가지는 높이와 무게가 가히 탁월한 존재감으로 와 닿는 빼어난 시어들이다. 서로의 동류의식을 말하면서도 하나의 영탄법이나 과장법 없이 절정의 시를 이룩할 수 있는 시인의 역량에 감탄할 뿐이다. 어떤 세월이나 연륜을 가늠한 공시성共時性 없이 생산한 이 시는 주지적 목적의 내용미를 도덕과 윤리 등 유가적인 한계까지 접합시킨 맑고 유려한 시로 마음이 먼저 와닿는 상쾌함마저 지닌다. 다시 말하자면, 일목요연하게 놓여 있는 정제된 시어들이 각기 하나의 구실과 역할론으로 빛을 발현하는 것은 하나의 내재율을 갖고 있기 때문이다. 특히 마지막 2연 〈한 생애 울울창창하던/ 그 푸르름같이〉는 탁월한 심미안이 거둔 빛나는 수확으로 보인다.

빨강 파랑 노랑 물감의
가을 햇살 성큼
바람과 서리 찬 기운이 꽉 찬 밤
붉고 노랗게 물든 단풍잎
국화 향 즐거움에
산 능신 길
하얀 길 걷고 또 걷네
가을 햇살에
뚝뚝 떨어지는 투명한 물감처럼
그 풍경 사이로 잔도 헤치며
고요로 내가 가네

서리마저 차가운 그 길

빈 가지의 엉성한 나무들의 가을처럼
물빛 비친 단풍들의 그림자 안고
그대 국화 향처럼 숨은 그곳 찾아
오늘도 내가 가네

- 「단풍에 취해 국화 향 숨네」 전문

　색상 대비로 마치 풍경화를 보듯 시가 지니는 회화적 요소를 의미적 요소로 환원한 시이다. 그리고 시를 알맞게 제련하여 더욱 돋보이게 하는 시어들이 자못 눈부시다. 시어 중 〈붉고 노랗게 물든 단풍잎〉〈하얀 길 걷고 또 걷네〉〈뚝뚝 떨어지는 투명한 물감처럼〉〈물빛 비친 단풍들의 그림자 안고〉가 바로 그것이다. 이 시는 마치 유미적인 예술의 세계를 보듯 과거를 회상하며 현재의 삶으로 미래를 찾아가듯 일정한 연대기를 시인은 복원하고 있다. 그 과정을 인생길을 '걷고 또 걷네', '잔도 헤치며', '고요로 내가 가네', '오늘도 내가 가네'에서 보듯 운명적이고도 숙명적인 삶의 길을 반복어 형식으로 추론함으로써 시의 외형률을 중심으로 환상적인 분위기를 이끌고 있다. 이미 이별한 사람이나 못 잊을 인연의 사람을 찾아가듯 시의 곳곳에 애소하듯 정감 넘치는 시어들의 이미지가 일품이다. 결구에서 보듯 생명 다하도록 하나의 시효가 없는 목적의 근원을 찾아가는 현재 진행형이 이 시의 전연을 지배하고 있다. 못 잊을 자취와 흔적은 어디서 찾을 수 있을까. 어쩌면 현실적 혹은 가상적 인물을 대비시킨 서경적인 면모의 시로 마치 전원시 eclogue 같은 아름다움과 매력을 지닌 시이다. 간접 화법이 아닌 직유를 도입한 것은, 보다 선명한 이미지를 제고한 것으로 보인다. 어쩌면 빛과 그림자가 되는 우리의 삶을 하나의 대상을 목표 지향적으로 찾아가는 과정을 그리며 어떤 좌절과 난관을 극복하는 희망적인 상황으로 대리 만족을 구하는 내용적 수사도 가미한 시로, 실로 가볍지 않은 주지시의 개념도 지니고 있는 시로, 색상의 조화를 대비한 시어들을 내용미에 순환적으로 가미시키는 원리로 성공한 영상 기법의 시로 참으로 가작이다.

망향정과 망미정 품은
호수 한가운데
우뚝 서 있는 착각으로 오는
착시 현상
화순 적벽 뒤 넓은 잔디밭에
풀어놓은 사람

노루목 적벽에
눈앞에 펼쳐진 산
산은 물을 만나 활기차고
물은 산을 만나 매혹적이라고

앞산 가득한 산기슭의 운무
각양각색의 자연 옷으로 치장한

나무들 숲들
맑고 투명한 경이
한 계절을 지나며 옮기며
화순, 적벽이
날이 날마다 화제가 되는 그곳

- 「화순, 적벽」 전문

　마치 한 폭의 수채화를 보듯 맑고 선명한 시로 시의 내용적 주지와 의미적 대상이나 그 어떤 철학과 명상적 무게와 깊이를 극복한 이 시는 보다시피 자연이 주체가 되고 있다. 자연의 웅장함과 경이, 그리고 신비와 근접할 수 없는 위엄이 상존하는 그 자체를 모티브motive로 유토피아utopia적 상상력을 내면에 깔고 있는 이 시는 1연에 주목할 필요가 있다. 〈망향정과 망미정 품은/ 호수 한가운데/ 우뚝 서 있는 착각으로 오는/ 착시 현상/ 화순 적벽 뒤 넓은 잔디밭에/ 풀어놓은 사람〉에서 보듯 우리는 여기서 하나의 지명에 이 시를 해설하는 중심을 결과로 놓아서는 안 된다. 이 광활한 우주 안에서 생애를 유지하는 우리는 늘 마음 안에 상존하는 인물들에 관한 착각과 착시 현상을 갖고 산다. 그것이 인간이 아닌 생활의 한 단면도 될 수 있음을 인지해야 할 것이다. 이 시에서 보듯, 호수나 넓은 잔디밭에 풀어놓은 사람은 하나의 개체로 이룩되는 자유로운 사람일 수도 있고 영영 이승을 떠나보낸 사람일 수도 있겠다. 궁극적으로 말하자면 인간은 늘 다수가 아닌 하나의 일체로서 존재감을 지닌다는 것이다. 2연에서 산과 물을 도입함으로써 우주의 균형을 일컬으며 사람 사는 세상의 주체를 간접으로 융화하며 일미를 이룬 이 시는 이승이나 저승, 혹은 현재의 이 세상을 하나의 목가적인 풍경으로 묘사하고 있다는 점이다. 풍경이 되는 수사와 묘사들이 각기 제 구실을 하는 독립적 시어로 재탄생하여 하나의 상관관계로 이 시의 묘미를 더하는 것은 시인의 탁월한 시적 역량에서 기인된 것이라 믿는다. 의인법과 환유법을 선호한 이 시는 자연이 가지는 태생적 형평성과 인간이 지니는 감성과 심성적 근원이 이룬 절묘한 합일의 매개체로 이룬 빛나는 이미지 서경시라고 볼 수 있겠다.

식탁 두 개에 빈자리 하나
세상에 혼자인 내가
참으로 애틋한 내가
군더더기 없이 홀로이 마주한 식탁

그가 떠난 후
서럽게 서럽게
심장을 관통하는 이 외로움
스스로 돈 내고 식탁 위의
위스키 한잔하며
하루를 건네 본다.

아파트 앞의 노랑 단풍들 뒹굴고
꼭 딴 세상 같은 소풍으로
발걸음 흐느적거리며 오는
유령 같은 밤

심심한 식탁에
꿈길에도 닿을 수 없는 그가
간절한 눈물 하나 떨구고 있는
그림자로 있는 밤

- 「홀로이 한술」 전문

　전자에도 언급했듯이 현형수 시인의 두 번째 시집 「언제나 내 안의 당신」에서는 아무래도 근자에 사별한 아내가 주제가 되는 시들이 주류를 이룰 수밖에 없겠다. 이 시에서도 끼니때마다 마주하는 식탁에서 과거를 회고하는 관념적인 일상을 되돌아보는 애틋한 감성이 주체를 이루고 있다. 우리 인간이 가장 극복하기 힘든 과정은 어떤 상황적 인식에서 가지는 고독과 외로움이다. 그것은 일정한 금전으로도 보상받을 수 없는 심성 안에서 깃든 정서와 촉매제가 되기 때문이다. 시인은 마주하는 식탁에서 술 한잔으로 극명한 외로움을 달래며 아내와 함께한 지난날을 영상의 필름처럼 되돌려보며 안정되지 않은 마음을 극복하는 과정을 그리고 있다. 부부애의 극진한 사랑으로 인간애적으로 유화한 시이다. 특히 시행 중 〈심장을 관통하는 이 외로움〉, 〈유령 같은 밤〉은 매우 심플simple하다. 이것은 산 자와 죽은 자를 대비하는 2연의 〈스스로 돈 내고 식탁 위의/ 위스키 한잔하며/ 하루를 건네 본다〉에서 스스로를 위로하며 극명히 이분법한 과감한 시어들을 도출함으로써 평범한 시적 주제를 거느린 이 시를 성공시키는 요인이 되고 있다. 맑고 단아한 시이지만 내밀한 감성을 유추하는 관찰력에서 발굴한 시어들이 각기 제 몫을 하고 있다. 이는 끝없는 메아리로 환원되는 부부애의 근원이 된 끝연 〈심심한 식탁에/ 꿈길에도 닿을 수 없는 그가/ 간절한 눈물 하나 떨구고 있는/ 그림자로 있는 밤〉이 정靜적으로 마무리된 것에서도 잘 표징되고 있다. 전혀 멋과 기교를 가미하지 않고도 사실적 의미의 주지적 내용을 무리 없이 소화 여과하는 시인의 시적 역량의 매력에 감탄하지 않을 수 없다. 우리 인간은 누구나 언젠가는 홀로이 된다. 이 외롭고 음습한 숙명적 과제를 어떻게 극복할 것인가. 방황과 허무도 함께 가져야 할 이 운명을 말이다.

오늘도 그곳에 있는 달
곁에서 뚫어져라 보고 있었다
서쪽으로 지구가 꼭짓점을 비튼 순간에도
달이 진 후에도 그곳에 머물고 있었다
지구가 서쪽 기울기로
중심을 옮긴 줄도 모르고
몸의 피가 서서히 타들어 가는 동안

지구가 한 바퀴 돌고 또 멈추고
틈 사이로 보름달이 비춰주는
마지막 순간에도
파리한 핏기 없는 얼굴은
참으로 고요로 평화로운데
가령 눈도 닿지 않는
머나먼 곳에서
차마 어쩔 수 없이 가만히 있는
모두를 비운 그대를 보며
다만 어리석게 울먹이고 있었는데
보름달은 서쪽으로 자꾸만 기울며
그대를 서서히 당기고 있었는데

- 「새벽으로 기우는 달」 전문

우리는 객관적 주관적 사고를 포함한 미처 인지하지 못할 인생을 좌우할 만한 요소들이 각일각 다가오고 있음을 미처 알지 못할 때가 다반사다. 이는 우리의 정신이 직시하는 예감과 육감, 영감으로 비롯한 자기 관찰과 통찰력의 한계인 것이다. 이 비연시는 자기도 모르게 실기한 순간적 재앙을 천체의 하나인 달을 발상적 근거로 소재를 구성하고 있다. 살면서 살아가면서 그 바쁜 일상의 와중에서 우리는 보름달이 차츰 기울어 상현달과 하현달, 그리고 초승달, 그믐달로 기울어지며 다시 생성하는 윤회론을 잊기 십상이다.

　이 시의 모태가 되는 것은 이미 자생의 능력을 상실한 인간이 서서히 소멸되어 자연으로 회귀되는 그 과정을 몰랐을 때의 참담함과 자괴감을 토로한 시이다. 시각적 청각적 의미에서 벗어난 유형무형의 많은 것은 전조가 있기 마련인데, 그 진행 과정을 몰랐을 때의 자신의 책임론과 존재론은 비통함 그 자체일 것이다. 시인이 여기서 비연시를 선호한 이유는 이 세상 어디서든 모든 이유와 과정, 결과물들이 현재 진행형임을 묵시적으로 암시한 현실주의modernism에 초점을 맞춘 데서 기인한 것으로 보인다.

　이 비연시의 첫 2행 〈오늘도 그곳에 있는 달/ 곁에서 뚫어져라 보고 있었다〉와 끝 연의 2행 〈보름달은 서쪽으로 자꾸만 기울며/ 그대를 서서히 당기고 있었는데〉의 시구는 참으로 발군이다.

　양지와 음지의 근원의 하나인 '달'은 아내를 상징함이다. 늘 바라보아도 유유자적 한결같은 아내가 자신이 인지하지 못하는 사이 조금씩 생生을 단축하며 피폐해지는 통한의 모습을 실기하는 과정을 밀도 있는 섬세한 시어들로 그 순간과 정황을 압축하고 있다. 어쩌면 철저한 삶으로 모범적 인생을 살던 시인이 일시에 무너져 내린 한 생애의 처절한 순간을 공시적共詩的 효과를 도입하여 성공한 시로 보인다. 이상 두 번째 시집에서 현형수 시인은, 보다 긍정적인 삶의 면모와 부부애와 인간애의 근본에서 유래하는 보다 높은 사랑의 표준을 깊이와 높이를 연관 지음으로써 인문학의 기초가 된 사람 사는 방법과 도리, 그리고 그리움과 사랑을 매개체로 한 우리 삶의 여러 면모의 원인 제공을 발효하는 시들을 선보임으로써 그만이 가지는 독특한 개성의 지평을 여는 데 성공했다고 보여진다. 보다 넓은 영역의 다양한 시들로 승부하여 더욱 큰 시인으로 정진하기 바라는 마음이다.

존재론의 탐구적 미학과 생활 보기
- 현형수 시인의 시 세계 -

시인 최 창 도

  시는 인간이 가지는 정情과 동動의 심상에서 발현하는 시인이 지니는 인성과 품성, 그리고 관찰에서 오는 삶과 자연적인 교감을 비롯한 정서의 순환과 감성이 매개체가 된 여러 개연성의 의미들의 표출이라 보아진다.
  현형수 시인은 이제 시집을 세 권째 상재함으로써 중견 시인으로 생활의 면밀한 과정을 형상화한 내밀한 깊이의 시를 보편적인 삶의 화누를 매개체로 주지적 정의로 삼으려는 긍정적인 면모를 보다 확고히 하고 있다.
  존재의 의미를 자연과 대비시키며 환경적 적응을 명시한 생존의 대단원을 상징성으로, 그리움과 사랑을 유화한 시들로, 보다 심도 있고 밀도 있는 시들의 접근성을 지닌다. 이제 그의 심상의 근원인 시들의 진면목을 감상해 보자.

미래 세계에 맞서

영원히 지난 이야기 지우려는 자리

때 이른 숙명을 먼저 읽히고

현재를 마치 혈血을 짚어 침을 놓듯

미리 자신의 온전한 모습을 새겨 놓는가

오늘도 만전의 조율로 인과

분명히 열리고 앉히는 소리들은

보호 안 된 게 분명한데

문득 열리고 닫혀도 구속력에 힘입은

한 세월의 이야기

여운과 잔상은 이리도 오래도록 남는가

시간과 세월을 거슬러

한 사람의 과거와 미래가

거울처럼 만나고 맥을 놓는 사이

만상을 환상으로 몰아가

더욱 현실적으로 지옥같이 육박해 오는

낯익은 이 세계가

오늘도 만리장천 하늘을 건너는가

　　　　　－「동행과 순리의 미학」 전문

현실성의 이유가 표준이 되고 있는 다양한 삶의 면모와 형평성과 과정과 결론을 재론하며 현재 진행형으로 유지하는 삶의 요체를 대단원으로 회자한 이 시는, 생활 중심의 가치관을 은연중 투영해 보며 현존의 입지를 비교 분석한 주지적 관념시이다. 주체와 이미지를 세분하면서도 정연한 위치에 놓이는 시들이 결속력을 가지고 특징성을 지니는 어쩌면 기교를 부리지 않은 원론적인 시어들이 주정적 시들로 재탄생되고 있어 일미를 더하고 있다. 표제어가 의미하듯이 우리 인간은 더불어 함께하는 동행과 순응과 합일에서 도출되는 인간애가 무한한 생生의 가치관을 함께 지니는 것이다. 〈때 이른 숙명을 먼저 읽히고〉, 〈현재를 마치 혈血을 짚어 침을 놓듯〉, 〈미리 자신의 온전한 모습을 새겨 놓는가〉에서 보듯 탄생 이후의 고독한 인간사와 상대성을 더불어 함께하는 과정을 의무처럼 언급한 것이나, 〈문득 열리고 닫혀도 구속력에 힘입은〉, 〈한 세월의 이야기〉, 〈여운과 잔상은 이리도 오래도록 남는가〉는 태생적 한계를 보다 확연시하며 의미적 요소의 공간적 활용을 직설적 화법으로 근원적인 상징시로 주안점을 둔 것은, 보다 시인의 오랜 수련에서 오는 깊이와 높이일 것이다. 체계적인 이론보다는 실체를 투영해 보는 이면과 정서가 양립된 이 시는 후반부가 더욱 빛나는 극치미를 이룬다. 〈한 사람의 과거와 미래가/ 거울처럼 만나고 맥을 놓는 사이/ 만상을 환상으로 몰아가/ 더욱 현실적으로 지옥같이 육박해 오는/ 낯익은 이 세계가/ 오늘도 만리장천 하늘을 건너는가〉에서 보듯, 우리 인간의 보다 탐구적인 관찰력에 회화적 요소를 더욱 명료히 한 수작이라 평가할 만하다.

바람이 모질고
목이 마르고 따가운데

그 옛날 친구들
어느덧 가고 없건만

심심한 길을 가는
노래 한 소절처럼
어쩌면 하늘 끝 먼저 가 있어
이웃 같을까

처녀들 화안꽃
아껴

올레길 옆 지는 꽃에
그대 긴 긴 한숨으로 들리게나

- 「친구야」 전문

2행 6연의 이 시는 우선 간결하고 맑다. 그리고 동적動的인 바람과 정적일 자신을 순화 여과하는 의미적 요소와 추억 소묘가 시적 이미지 image의 상생적 원리를 보다 면밀히 주지화시킴으로써, 자신의 본성 안에 내재되어 있는 과거를 인지하는 인간애적인 자화상을 연관 짓는 발상과 통찰력이 우리에게 무한한 감동을 주고 있다. 1연의 〈바람이 모질고/ 목이 마르고 따가운데〉는 그동안의 시간과 세월을 회자한 은유 metaphor로 절구이며, 3연의 〈심심한 길을 가는/ 노래 한 소절처럼〉은 수미상관의 형태로, 보다 앞 연의 의미적 요소의 효용 가치를 높이는 명징성을 지니고 있다고 하겠다. 그리고 4연의 〈어쩌면 하늘 끝 먼저 가 있어/ 이웃 같을까〉는 참으로 빼어난 상징성을 더한 시행으로 저승과 이승을 하나의 포괄적인 세계로 인지하며 한 세상을 공유하는 인간사의 윤회론적 내용미를 가미한 발군의 시적 높이와 깊이를 보여 주는 절구로 감탄하지 않을 수 없다. 한 시절의 연대와 보편적인 시각적인 세월을 회상으로 탈바꿈시킨 암시성도 도모하고 있는 이 시는, 아직도 먼저 간 친구를 기리는 〈올레길 옆 지는 꽃에/ 그대 긴긴 한숨으로 들리게나〉에서 보듯, 시적 언어 순화에서 오는 선연한 이미지가 절절한 그리움으로 유화되어 전연체를 감동적인 극치미로 이끌고 있다.

비참한 울음처럼 격노한
나뭇가지에 걸린 새빨간 선혈
예비된 주검처럼
아직도 멈추지 않는
피들을 뚝뚝 흘리며
그래도 한세상 아름다웠다며
저마다 귀를 묻는 인연들

저 혼자 떨어져도
가장 비극적인 평등으로
결코 외롭고 인자한
피들의 육신을 나누어 가지며
어느덧 꽃으로 저무는
저 비밀병기 같은 울음

삶의 뼈저린 은혜처럼
오늘 한세월의 억압을 간직한 채
선혈 낭자한 확장으로
뿌리의 흙으로 돌아가다

— 「단풍잎」 전문

 단풍이 주는 색상 대비를 탐미주의적 성찰로, 생애의 순환을 원리로, 자연의 운명적 윤회론을 결부시키며 소멸해가는 과정을 주체화하고 있는 이 시는, 또다시 반추할 뿌리의 미학을 결구 지음으로써 탄생적 의미와 자연의 섭리와 상징성을 선연한 이미지로 동기 부여를 하고 있다. 여기서의 '선혈'은 단풍잎의 절정을 피로 명징 짓고 한 시절 절정의 푸르름을 장식하던 모든 생물이 그러하듯 수명을 다하는 순간 한 생애를 점철해 보는 대단원을 1연의 결구인 〈저마다 귀를 묻는 인연들〉로 회자하고 있는 운명론이 자못 공시적共時的 효과를 더함으로써 시적 묘미를 더하고 있다. 애끓는 심정과 절규를 화자한 2연 〈가장 비극적인 평등으로/ 결코 의롭고 인자한/ 피들의 육신을 나누어 가지며/ 어느덧 꽃으로 저무는/ 저 비밀병기 같은 울음〉은 시행의 조율을 이분법함으로써 시작 → 과정 → 결과를 예시하며 다시 탄생할 초록의 봄을 예비하는 전조를 남겨둠으로써 시적 묘미를 살리고 있다. 역설적으로 인생행로의 머나먼 미래 여정과 결과론을 유추한 이 시는 논리적인 비약을 삼간 채 하나의 주지적 교훈을 긍휼히 한 점이 눈에 띈다. 감상적*sentimental*이고도 정情적인 이 시의 저변에 깔고 있는 고독과 우울, 자조 등이 보다 희망적인 미래로 재생된다는 윤회가 화두이겠다. 물론 태생적 한계와 자연의 섭리가 모태가 되겠지만 독백체의 모티브*motive*가 심리적 요소로 귀결되고 있는 이 시는 하나의 불변의 결과론을 가정해 놓았다. 그리고 시인의 상상적 의미론을 복원한 각 연의 별개의 독립된 주지로 양립되는 내용미에 동질성을 부여한 점이 특징성을 지닌다고 하겠다.

    나무들은 잠시 그늘을 벗어 놓고
    하늘 담은 바다와
    티 하나 없는 쪽빛 거울로
    물 위에 어리우는 한라는
    새털구름 한 조각으로
    유랑이 한창인데

    어느 하늘에서 날아와

한 점 못 잊을 꿈으로 설레나
유한처럼 세월을
오늘도 말없이 떠나는 새들

그대 통곡처럼
서쪽 끝자락에서
꽃불 밝히며 타는 노을은
잠시의 꿈이었나

- 「바닷가의 봄」 전문

　　시인은 제주에서 태어나서 성장기를 더하며 늘상 한없이 넓고 푸른 바다와 장엄하고도 우람한 높이의 한라산을 보며 정확한 마음과 내공과 외공의 기氣를 살리며 한학에 몰입하며 성리학이 기본이 된 유가 사상에도 일견을 갖고 있는 선비적 재능을 겸비한 분으로, 평소 동양철학과 주자학 등 여러 학문에도 선견지명을 갖고 있는 선각자로 알고 있다. 이 시는 바다와 하늘, 그리고 새들과 구름, 산과 노을을 대비시킨, 말하자면 유한과 무한의 유물론의 기초인 생물과 무생물을 도입한 자연을 매개체로 한 전연체를 조율한 시인의 안목이 적나라하게 표출되고 있다. 무생물인 자연 가운데 오직 '새'를 도입하여 생명체를 불어넣은 이 시는 감각적인 시어와 명쾌한 선율을 접목시킨 참신한 모티브motive가 빛난다. 1연의 〈새털구름 한 조각으로/ 유랑이 한창인데〉는 제주의 한가한 풍광을, 2연의 〈유한처럼 세월을/ 오늘도 말없이 떠나는 새들〉은 자연이 주는 생生의 섭리와 이치를, 그리고 3연 〈꽃불 밝히며 타는 노을은/ 잠시의 꿈이었나〉는 천혜의 자연인 제주의 풍광과 경이로운 신비를 시인은 마치 꿈에 비유하듯 동기 부여를 발현한 것이다. 이 얼마나 놀라운 시적 발상이며 묘미인가. 환상과 상상, 유토피아utopia가 결실된 대미를 각 연의 종결어미로 유효 적절히 운용함으로써 제유법과 환유법을 극명히 대비시킴으로써 제주 바다를 환상fantasy적으로 이미지한 점은 참으로 놀랍다. 즉, 존재에 대한 탐미적인 성찰은 곧 시인이 가지는 역량과 정서와 인성에 근거함일 것이다.

나는 우선 가만히 서서
시름없이 생각을 놓고
바라보는 것 좋아하네
머리가 벗겨진 짙은 눈썹의
어쩌면 밉상이지만
나는 있는 그대로의 세상을 보려 하네
세상을 삐딱하게 또는 규정적인 시선으로
사물을 그대로 보려면 우선 느긋한 마음과
생각이나 간섭을 버려야
우선 그 뼈대를 볼 수 있지

세상사 순간의 어둠이었고

잠깐의 양지였나

안벽에 정지된 그림자 염불 소리

귀동냥으로 들으며

있는 그대로 물끄러미 수행자처럼 보고 있네

오늘도 눈씨름으로 있는 저 벽의 달마상

기약 없는 한세상의

출구와 입구를 투명하게 보고 있을까

- 「사유와 자유 - 달마상」 전문

    시를 내밀히 관찰하면 곧 시인의 자화상이라고 감히 말할 수 있겠다. 이는 시인이 가지는 태생적 성품과 인성에서 기인하는 정서와 살면서 살아오면서 경험과 체험에서 오는 교양과 관찰, 더 나아가서 어떤 영역의 경계 밖에서 표출할 수 있는 내공과 외공의 자기 수련의 표찰일 것이다. 이 시는 시인과 달마상을 연관 지으며 자신의 현재와 마음 안에 내재된 억압되고 고통한 시련을 표찰하려는 대상의 중심에 늘 벽에 고정되어 한결같은 상으로 이 세상을 주시하고 있는 '달마상'에서 시인의 삶과 인생의 객관성과 주관성을 대비시킨다. 그것에서 시인의 입지와 정신적 위안을 얻고 때로는 현실을 하소하는 자신의 주지적 삶을 어쩌면 풍자와 해학으로 이분법한 시이다. 독백체의 모놀로그monologue의 이 시는 현재의 때를 실기하지 않으려는 시인의 잠재적인 자기성찰과 자아를 반추하는 동질성을 세분하며 운용의 묘를 살리고 있어 의인법을 기초한 환유법을 선호한 시로 보인다. 어느 정도의 연치로 세상을 산 시인과 머리가 벗겨진 달마상을 친근감을 더한 자신과의 비교 선상에서 동시대의 한 세상과 세월을 보며 현재 시인의 존재론과 심성을 대비시킨 시행들이 적나라하게 표출되고 있다. 1연은 상징성 의미와, 2연은 현실성과, 3연은 미래성을 도출하려는 시적 화두에 보다 근접성을 가지려는 빼어난 시행들로 변환variation적 공감각적 대미로 귀결되는 과정을 주목하고 싶다. 2연의 〈생각이나 간섭을 버려야/ 우선 그 뼈대를 볼 수 있지〉와 3연의 〈오늘도 눈씨름으로 있는 저 벽의 달마상/ 기약 없는 한 세상의/ 출구와 입구를 투명하게 보고 있을까〉에서 우리는 심상적 근원이 모티브를 이루는 시인의 두 개의 상이한 내용적 주지를 대조법으로 설정해 놓고 잘 정제된 치밀한 시어들을 적재적소에 배분함으로써 시적 묘미를 더하는 시인의 높이를 볼 수 있겠다.

저 숲 너머 길이 있을까
나침판과 지도만 가진
한 무리의 사람들이 길을 헤매고 있다

저쪽 산 아래
남으로 난 가파른 산 숲속으로 가자며
예감으로 추적한 길은
아직 이르고 멀기만 한데
왜 이리 닿지 않는 이유로

미리 수선대는가

지도와 나침판만 믿고
봄 햇살 가득한 숲을 헤치며
무작정 나아간다고
결코 목표를 이룰 수 없듯이
오늘의 해넘이로

아직도 마지막 이정표 따라
길을 찾는 한 무리의 사람들
균형 잃은 이 하루를
아슬하게 짐 지고 가는 일몰쯤

- 「오늘의 길목」 전문

주제를 보다 쉽게 유화한 이 시는 절대적 요소보다 상대성의 요소를 보다 분명히 한 점이 표징되고 있다. 인생이 가는 시간과 세월, 한세상을 명징 짓고 있는 이 시는 우리가 미처 느끼지 못하는 시간을 발상적 근거를 삼아 각자의 인생 목적과 이상을 찾아가는 길을 지도와 나침판으로 정의하며, 역경과 고난의 삶과 생활 속에서도 보람과 비약의 상승효과를 기대하는 교훈적이고도 잠언적인 시로 분류할 만하다. 직유와 비유가 혼재된 이 시는 의미적 요소로 귀결되지만 참으로 변화무쌍한 인생의 개연성 probability에 유의해 볼 필요가 있다. 즉, 한 무리의 인간들이 각자의 목표 지향점을 무시한 채 어떠한 공감대를 위해 필연의 상황 인식이 고찰되기 이전에 선과 악이나 성공이나 실패를 도외시하며 오직 삶과 먹이 사슬을 위해 전부를 다하는 인간의 나약함과 어리석은 다수의 기회주의를 응징하고 있는 시이다. 1연의 〈한 무리의 사람들이 길을 헤매고 있다〉와 2연의 〈왜 이리 닿지 않는 이유로/ 미리 수선대는가〉, 3연의 〈무작정 나아간다고/ 결코 목표를 이룰 수 없듯이〉가 바로 그것이다. 즉, '준비 없는 기회는 곧 실패요, 실기의 원인이다.'란 명제를 간접 수사하고 있는 것이다. 하나의 소시민의 삶의 가치관과 목표, 그리고 앞으로의 생의 일관성을 내밀히 추적함으로써 성공적 복원력을 암시하는 이 시는 주지시로 분류될 만하겠다. 4연을 주목해 보자. 〈아직도 마지막 이정표 따라/ 길을 찾는 한 무리의 사람들/ 균형 잃은 이 하루를/ 아슬하게 짐 지고 가는 일몰쯤〉. 수사와 묘사의 완연 일체로 긴장감을 늦추지 않는 시적 기교가 하나의 역동성으로 재생되고 있는 마지막 연은 현대의 이기주의적 삶을 간접 비판하고 있는 특징성을 지닌다.

대부분의 물체가 곡선으로 이루어졌다면
빛은 언제나 직선이라서
운명처럼 그림자를 만들지
지금 내가 빠져드는 것은
접시처럼 매끈한 참싸리 잎에
얹힌 꽃 그림자 속

가끔은 보이다 흔적을 지우기도 하지만
바람이 일렁일 때마다
다시 수줍은 낯가림으로 오지

어쨌든 그림자의 임자는
우산처럼 모여서 달리는 자잘한
흰 꽃잎들 평형이 만드는
정교한 기름나물의
그림자 속으로
오늘도 내 그림자도 감쪽같이 흘러 들어가
굴절되지 않은
무연한 곡선의 참한 꽃 하나
언제나 기별로 오는
이 아침을 보고 있겠지

- 「그림자 속 기름나물」 전문

우리 인간을 표준으로 이 세상의 자연과 물상 물체들은 선線을 중심으로 보면 직선과 곡선, 혹은 수직과 평행선, 수평으로 나뉜다. 이는 우리의 현재의 마음이나 성품을 곧잘 비교하거나 타성에 따른 삶과 문화와 질서로 은유되기도 한다. 이 중 미학의 근본인 곡선은 미래의 희망이나 예감, 혹은 예술적 영감으로 언제나 현재 진행형으로 마음의 풍요와 아름다움의 극치미로 회자되어왔다. 시詩 속의 주제가 된 기름나물은 미나리과의 다년초로 한여름에 흰 꽃을 피우며 타원형, 즉, 곡선의 과일을 맺는 식물을 일컬음이다. 시인은 자신의 주체를 그림자로 숨겨 놓고 관찰로 오는 여러 변별력과 자생의 과정과 성장 등을 통한 일련의 변화와 생장기를 1인칭의 수사와 점층법 형식으로 밀도 있게 관계 설정을 하며 빛이 만드는 직선과 그림자를 보며 의미론으로 부활하는 곡선의 무연한 영감을 주지적 내용미와 순환적 원리로 일체감으로 유미적으로 승화시키고 있다. 희망적 견해의 꽃 하나를 감성적으로 주체화시키며 시인의 정서적 안유와 건강한 미래 보기를 함께 동기 부여를 삼고 있는 이 시는, 시행 중 전반부의 〈지금 내가 빠져드는 것은/ 접시처럼 매끈한 참싸리 잎에〉와 후반부의 〈우산처럼 모여서 달리는 자잘한/ 흰 꽃잎들 평형이 만드는/ 정교한 기름나물의〉에서 보듯 시인의 자전적인 인생을 형상화함으로써 명상과 고독을 함께 표징하며 이면의 자기를 발견하려는 과정들이 참으로 놀랍다. 그리고 결구에서 보듯 〈무연한 곡선의 참한 꽃 하나/ 언제나 기별로 오는/ 이 아침을 보고 있겠지〉는 예술석 극치미의 관능미와 현재의 대리 만족을 곡선에 찾겠다는 상상력의 복원이 일체감을 가짐으로써 이 시를 성공시키고 있다고 하겠다. 세월 가면 잊혀질까 가슴 아릿한 저 미소 더불어 꽃피는 날 여울지는 꿈속의 봄 눈 감으면 무연히 잊혀질까 가슴에 묻은 한 비애 우우 단풍 지는 날 가슴 허무는 꿈속의 가을 「슬픈 미소」 전문 8행의 짧은 이 시는 시의 외형률의 음수율과 내재율을 일견 갖춘 음악적 요소를 가미한 시로 일정한 리듬과 하모니를 가진다. 동요적 이미지의 맑고 유려한 이 시는 전반부의 봄과 후반부의 가을을 대비시키며 꽃과 단풍으로 다시 계절을 명징 짓고 있는 시로 별개의 의미적 요소를 합일하여 절정을 이끄는 시어들이 각기 역할 분담론으로 재생되는 뉘앙스nuance를 지닌다. 어쩌면 인간이 사색하고 고뇌하며 더 나은 삶의 진전으로의 감성과 심성의 매개체로 각인시켜 주는 정서를 가지는 이 시는 범상치 않은 기법과 기교를 함께하고 있어 일미를 더하고 있다. 독자들의 눈높이로 이 시를 다시 조명해 보자. 전반부 2행 〈세월 가면 무연히 잊혀질까/ 가슴 아릿한 저 미소〉 그리고 후반부 첫 행과 둘째 행인 〈눈 감으면 잊혀질까/ 가슴에 묻은 한 비애〉에서 보듯 서로의 절실한 상관관계를 묘사한 시적 의미가 참으로 눈부시다. '세월 가면', '눈 감으면'과 '가슴의 아릿한 미소', '가슴 안에 묻은 비애'가 절묘한 타이밍으로서 동질성을 가진다. 맑고 단아한 시어를 제련한 수사미와 전반부의 2연 〈더불어 꽃피는 날/ 여울지는 꿈속의 봄〉, 후반부 2연의 〈우우 단풍 지는 날/ 가슴 허무는 꿈속의 가을〉을 대비시키며 세월을 회자한 시행의 앙상블은 시의 전개와 발생, 구성, 심상을 더욱 명료히 하는 교과서적인 시로 마무리되고 있어 서정시의 한 표준을 보는 것 같은 참신성과 신선미가 주지로 확장된 시로 참으로 가편이다.

소리 없이 날아와
그리움의 한마음
가지 끝에 걸어두고
혹시나 서로를 잃을까 봐
수십여 성상 보고 지고

언젠가
　　어렴풋이 하나가 될 영감에
　　정녕 가슴 아리어
　　두 손 맞잡고 맹세한 그 사랑
　　어느덧 출렁이는 세월에
　　안 보이는 그림자 하나
　　별밤에 자꾸만 서西으로
　　눈 기울여도 보이지 않는 그대
　　지금도 어느 하늘에서
　　그리움으로 여울지고 있을까
　　나의 원앙아

　　　　　　- 「아직도 여울지고 있을까」 전문

　이 시는 부부 이별의 애틋한 사모곡의 시이다. 직유시의 이 시는 진실성을 바탕으로 하여 유일한 사랑을 매개체로 처음의 인연이 된 시작과 과정, 그리고 사별한 이후 더욱 못 잊을 심성과 감성을 절절한 애모로 순화시킨 시이다. 초지일관 극진한 사랑과 아직도 현재 진행형임을 암시하듯 전연체를 결구 짓지 않은 특징성을 가진다. 더구나 때와 시기와 순간을 극명하게 조율하며 긴장성을 높이고 있는 사랑과 그리움의 내밀한 시어들을 능률적으로 가시적 상황을 인지, 도입함으로써 의미화한 것이 참으로 눈물겹다.

〈소리 없이 날아와/ 그리움의 한마음/ 가지 끝에 걸어두고〉에서 보듯 인연과 필연의 만남의 순간과 〈혹시나 서로를 잃을까 봐/ 수십여 성상 보고 지고〉에서 절절하고도 극진한 사랑과 〈두 손 맞잡고 맹세한 그 사랑〉은 인연이 운명의 순간을 맞이한 때를, 그리고 〈어느덧 출렁이는 세월에/ 안 보이는 그림자 하나〉에서는 사별의 애틋한 심정이 각기 다른 세월을 연관 지으면서도 초지일관 하나의 주제를 중심으로 근접한 여러 소재를 각기 주지적 개념으로 우회적 소화하는 일련의 소통 과정이 매우 심플 simple하다. 공감각적 의미에 풍유법을 더한 이 시는 대미를 장식한 〈지금도 어느 하늘에서/ 그리움으로 여울지고 있을까/ 나의 원앙아〉에서 보듯, 목이 메는 절규로써 애소한 시행들이 더욱 이 시의 상승효과를 더하는 절구로 자리매김하고 있다고 하겠다.

　　자비는 언제나 나에게도 있고
　　너에게도 있는 것
　　하나의 깨달음으로
　　공평하게 나누는 이익과 존재로
　　우리가 의식하지 못하는 사이
　　이미 더불어 소통을 가지는 것

　　너와 내가 없으면
　　서로가 불안하듯이
　　함께하는 믿음과 신뢰의 뿌리

든든하고 편안한 생명선
언제나 나누어 가지는
한결같은 날의
이 온후한 화평
튼튼한 근육의 뼈들처럼
이를테면 모든 것의 중심이 되는
빛과 열같이

- 「자비」 전문

　불가에서 말하는 이해와 용서, 베풂으로 더불어 나누는 마음의 근원을 주시화시키며 화평과 공존의 의미를 함축한 종교적인 시이다. 3연으로 이루어진 이 시는 각 연의 결구인 〈이미 더불어 소통을 가지는 것〉, 〈든든하고 편안한 생명선〉, 〈튼튼한 근육의 뼈들처럼〉에서 보듯 인간 삶의 결정체를 이루는 소통의 태생적 근원으로 살아가는 생명의 주제와 여러 상황적 요소를 너와 나로 대별시키며, 시어의 접속성을 종교적 의미로 결속시키는 난이도 높은 의미의 시행들을 유효 적절히 동일성을 유지시킴으로써 성공한 시로 보인다.
　흔히 인간 세상에서 회자되는 사랑과 용서를 은유metaphor한 정신적인 뿌리의 시詩이다. 소통을 가지는 의미로 부활하는 감각적인 시어들이 과장법 없이 유화되고 있어 각 연에 일목요연하게 놓여 있는 정제된 시행들이 제각기 주지적 개념으로 순발력을 더하는 특성을 지닌다.

그리고 전자에서도 언급했듯이 각 연의 종결 의미가 불가에서 말하는 이론적 근거의 대단원 역할을 함으로써 우리에게 숙연한 마음가짐을 주는 시로 음성률도 함께 가지는 시이다. 태생적 역할론의 자취와 흔적을 동기 부여로 발현하며 궁극적으로 온 인간이 생명선을 지키는 무한한 영역과 생애를 유토피아utopia로 명징 짓는 이 시는 얼마나 긍정적이고 건강한 시인가.

다시 언급하자면 각 연의 말미에 놓이는 '소통 → 생명선 → 뼈들처럼 → 빛과 열같이'가 이 시의 화두의 역할을 세분하는 상징성을 지니는 요체가 되고 있어 신앙심과 정서적 순화와 마음 근원인 뿌리의 역할론으로 자유와 평화, 화평을 명징 짓고 있는 건강한 시로 평가하고 싶다. 세 번째 시집을 상재한 현형수 시인은 연치보다 절제와 소통을 가지는 자연과 인간애, 그리고 미래 지향적인 시들의 표준을 성찰함으로써, 앞으로 그의 내밀한 인성과 품성에서 오는 보다 독창성인 시들로 새로운 시 문학詩文學을 열어갈 것으로 보인다.

뜻과 이상의 조화와 시인의 덕목이 함께하는 그의 시들이 문단에 주목받을 것임은 보다 확연해 보인다.

교훈과 의미적 삶을 유화한 잠언적인 시편들
- 현형수 시인의 시 세계 -

시인 최 창 도

　순수한 마음이 정신세계에 내재된 유일한 존재론으로 각인될 때 비로소 시인이 인지하는 방향에 따라 살아온 삶과 현재의 정서, 그리고 미래 보기와 목적의식에 따라 시적 높이와 깊이로 표징될 것이다.
　이는 순수한 감성 안에서 통찰력을 가지는 동기 부여와 발상적 의미와 설정도 한몫 할 것이기 때문이다. 현형수 시인의 각고의 노력과 현실 극복으로 살아온 한세상을 통한 깊은 통찰력과 유미석으로 여과한 인생관, 그리고 주정주의적인 사고를 합일한 끊임없는 탐구의식으로 주체적인 역량 안에서 살아 있는 것들과 소외되는 것, 그리고 소멸 이후의 자연을 매개체로 인간 세계를 추적하는 시들을 일별해 보는 것도 의미가 있겠다.

　　어제 본 빼어난 산 그림자는
　　오후 늦게서야 돌아왔다

처음의 정서를 간직하지 못하고
바람 부는 대로 횡설수설하며
다만 그림자의 시늉으로
산山의 이마를 넘고 있었다
야생의 때묻지 않은 얼굴들을 격려하며
일제히 겨울이 흔들리는 곳으로
길은 점점 산 안에 갇혔다

모든 것은 분위기 안에서
빛들의 풍경을 옮기고
뼛속 깊이 자연으로 흔적을 드러내고
사철 아늑한 둥근 목소리로
자라나는 몸체를 다독이며
어둠의 그림자가 기승을 부리는
세월을 기다리는 나무들처럼
차례로 아득한 명상으로 저물어 갔다
간혹 자신도 모르게 떠나는 것들을 기리며

- 「아직도 홀로서는 명상」 전문

이 시에서 주체화되고 있는 홀로서기는 현재와 과거, 미래를 암묵화하고 있다. 좀은 고독하고 외로운 현재를 반추한 세월과 시간대를 공유하며 명상 안에서 자신의 탈출을 극명하게 시도하지만, 점점 자신을 옥죄는 주위를 형상화하며 주지적 삶으로 접근하는 현재를 끊임없이 시도하는 여러 시어들이 참으로 빼어나다. 전반부의 〈처음의 정서를 간직하지 못하고/ 바람 부는 대로 횡설수설하며/ 다만 그림자의 시늉으로/ 산의 이마를 넘고 있었다〉와 후반부의 〈사철 아늑한 둥근 목소리로/ 자라나는 몸체를 다독이며/ 어둠의 그림자가 기승을 부리는/ 세월을 기다리는 나무들처럼〉에서, 시적 의미와 회화적 요소는 다르지만, 동질성의 분위기와 내용미의 일정한 내재율을 감성 안에서 형성되는 시적 발효를 상승시키는 전개는 자못 감동적이다.

전반부와 후반부를 9행으로 나뉜 이 시는 표제어에서 보듯 명상과 정서 안에서 각인되고 있는 현 시각의 상황이나 인식의 관계 구성으로 대별되는 다양한 면모를 밀도 있게 재구성하고 있다. 종국에는 동류의식의 환원이 가지는 모티브motive를 압축하며 시너지synergy 효과도 가미한 시이다.

사실 우리에게 내재된 마음과 정서 안의 정신을 합일한 정답은 결코 없으리라. 결구의 〈간혹 자신도 모르게 떠나는 것들을 기리며〉에서 보듯, 우리 인간은 언제나 어디서든 현재 진행형이 아닌가.

   우람한 근육질의 설산
   곡기 잃은 나무들의 기이한 몰골들
   모든 나무와 숲들 침몰시키고
   광풍으로 산야를 휩쓰는 정월

새들의 메아리도
능선을 건너지 못하는 동장군으로
모든 것은 죽은 듯이 이별을 준비 중인데
이미 해골이 된 수령 깊은 나무들만
봄맞이 기도로 정중한데

산속 깊은 성황당의 울긋불긋한 치장들만
얼음장 같은 소원들
하나씩 지키고 있는
설산의 세한도

- 「겨울산」 전문

   겨울 산경이 가지는 풍경을 압축 응집된 시어들인 얼음장처럼 차갑고 서늘한 상징성을 유효적절히 배분한 이 시는 1연의 〈기이한 몰골들〉, 2연의 〈이미 해골이 된 수령 깊은 나무들만〉, 3연의 〈얼음장 같은 소원들〉에서 보듯 질식할 듯한 가공할 요소들을 계절이란 이미지로 형상화하면서도 계절이 주는 윤회론을 직시하고 있다.
   2연의 〈봄맞이 기도로 정중한데〉, 3연의 〈산속 깊은 성황당의 울긋불긋한 치장들만〉은 우리 인간의 강인한 삶의 욕구와 생활적 요소를 응집함으로써 처절한 자연적 요소를 극복해 가는 인간 승리와 생동감을 뉘앙스 nuance 와 절묘한 타이밍으로 가미한 시인의 탁월한 시적 순발력에 감탄하지 않을 수 없다. 점충법의 이 시는 시적 기법이나 언어 기교보다 우선 시인의 독창성을 지닌 시 속에 몰입한 신명이 간결하고도 우람하며 단호한 이 시를 재탄생시킨 맥점이 아닌가 싶다. 그렇다. 우리 인간은 어떠한 고통과 시련, 극한적인 상황에서도 본능적인 이상과 꿈 하나씩은 용광로같이 마음 안에 지니고 있을 것이다. 만약 그마저 무너진다면 정신적인 자아 상실로 스스로의 소멸을 재촉할 뿐 아닌가. 이 시의 이면에 긍정적인 요소를 강조하고 있는 암시성이 매우 심플 *simple* 한 것도 이 시의 주체의 뿌리의 미학일 것이다.

밤새 들리던 물소리
어디쯤 갔을까
부스스 눈뜨는 첫새벽
별들의 이마를 지나
적당히 온기를 나누는 바람들과
마을마다 지나는 전설이나 신화를 들으며
지금 몇백 리 머언 산기슭에 닿아
천 리가 지척인 듯 꿈꾸고 있을 물소리들

산수유 산바람에
유유히 파도처럼 일어서는 강마을의
영롱한 아침을 깨우고 있을까
혹은 설레는 마음 안에 무늬지는

축복 같은 이 하루의
먼동 트는 물소리로
어디쯤 닿고 있는가
그대의 귓전을 메아리치던
그때의 그 물소리는

- 「물소리」 전문

여기서 물소리는 시간과 세월을 회자한다. 우리가 흔히들 자연적 풍경과 시각과 청각적 의미를 일별한다면 '새소리' '바람 소리' '0.2물소리'일 것이다.

주지적 삶을 교훈적으로 직시한 이 시를 우리 인간이 어떤 목적의식을 위해 의연하게 살아가는 개연성도 함께 지니고 있다. 살며 살아가며 어떤 상황과 현황에 부딪히면 '세월이 묘약이요 답이다'라는 지론을 명징 짓고 있는 이 시는 군더더기가 없는 쉬운 시어들을 재련하며 의연을 확장하고 있다.

반복어 형식의 '물소리'로 음위율을 살린 시로 자연과 더불어 어떤 하모니가 가지는 음악적 요소의 영상미도 갖추고 있는 묘미를 지니고 있다. 전반부의 〈밤새 들리던 물소리/ 어디쯤 갔을까〉, 후반부의 〈그대의 귓전을 메아리치던/ 그때의 그 물소리는〉은 하나의 도치법으로 변화를 준 것은 공감각적synesthesia 이미지를 이분법한 듯한 환상마저 갖게 한다.

어릴 적 듣던 그 물소리가 현재의 나이에 와서도 어떤 세월의 상징감을 주고 감성을 더한 세월로 표징되는 과정을 〈마을마다 지나는 전설이나 신화를 들으며〉 〈천 리가 지척인 듯 꿈꾸고 있을 물소리들〉 〈먼동 트는 물소리로/ 어디쯤 닿고 있는가〉에서 보듯 실존적 자아를 대비시킴으로써 궁극적으로는 시각적인 관찰의 의미를 상상력으로 복원시킴으로써 이면에는 현재의 시인을 자성론으로 환원시키는 역할도 하고 있다고 보여진다. 평범한 주제를 보다 깊이와 무게와 정서로 합일시킨 가작이라 할 수 있겠다.

    인간은 모두들 어디로 가느뇨
    언제나 한결같이 내 주변에 서성이던 사람
    어느 날 보이지 않고
    무심코 소문으로 듣던 그 사람의 부음
    그리고 아득한 세월 동안 소식 없는 그 친구
    모두들 어디로 갔을까
    한갓 미물들도 사철 질서를 세우며
    삶을 도모하며 기척을 두는데
    스스로를 간수하며
    내 곁에서 나의 부근에서
    스스로의 이름으로 빛나던 그 사람
    도대체 어디로 갔을까
    유랑자여 오늘은 어디로 도피하는 꿈꾸는가

침재된 오늘을 잊고
현재의 비애와 고통을 인내하며
저 푸르른 나무들의 잎맥처럼 나부껴야 한다.

도약을 위한 몸부림으로
어디서든 그대의 그림자라도
지상의 흔적으로 남겨야 한다 그대여

— 「흔적 남기기」 전문

 이 비연시는 철학적 종교적 의미를 가미시킨 실존주의와 허무주의를 일견 조합시킨 본질의 의미를 찾아가는 과정에서 현실을 탈피하려는 역설적 변증법의 심리를 유화한 시적 내용미를 주체화시킨 시이다. 인간의 존재 탐구는 자아의 내밀한 위상 설정에서부터 기초한다. 절대적인 가치론의 인생을 비극적 인생과 삶을 동기로 현재의 삶을 보다 안정시키고 재생시키려는 수련의 의미를 담은 시로 서민적인 일상의 애환에서 공감을 주는 여러 요소를 합일하며 감명을 주는 때와 시기를 일별함으로써 궁극적으로는 삶의 희망과 소망을 함께 긍정적으로 도모하려는 시로 주지적 잠언적 내용미를 함축시키고 있다. 너무나 다양하고 복잡다단한 이 세상, 오로지 자기중심의 삶에서 벗어나지 못하는 시각에서 잠시 여유를 갖고 돌아보니 인간관계와 인연과 생활 사이에서 동류의식과 더불어 함께하는 동행은 이미 보이지 않고 낯선 사람끼리의 처절한 삶의 전쟁터가 필연이 되고 있는 삭막한 이 세상을 간접적으로 비판한 시다. 이 시는 독백체의 모놀로그monologue로 상징성에 무게감을 더하고 있다고 하겠다. 마침표의 결구 없이 전연을 이끈 시인은 아직도 이 세상의 상황이 현재 진행형임을 암시하고 통절히 가슴앓이하고 있다고 보여진다.

비교적 쉬운 시행으로 섬세한 감각과 날카로운 시대상의 맥점을 유지시키는 시인의 시적 수사는 시인의 높은 시적 역량에서 오는 깊이일 것이다.

아직도 내 눈썰미에 얹히는
아득한 당신
내 안에 영원히 죽지 않을 꽃으로
설핏 닿는 그 미소
명경 같은 그리움 안에
꿈속에서라도 그대와 함께
무지개 고운 날들을
다시 한번 볼 수 있을까

달그림자 열어가는 푸른 새벽
산과 마을은 그쯤서
서둘러 하루를 몸단장하고
길은 어렴풋이 행로를 밝히는데
눈 닦고 귀 열어 듣는

동구 밖의 까치 울음소리
오늘은 또 누군가의 주인공이 되어
그대와 나 하루의 입담으로
그 옛날처럼 정겨운 하루가 되었음 하네

- 「내 안의 당신」 전문

내자內子를 잃은 이후 생전의 부부 돈독함을 애끓는 사랑하므로 절규하는 이 시는 회상적 관조와 현재의 심리적 상태를 밀도 있게 재구성하고 있다.

형식적인 요소를 배제하고 주제를 소화하는 여러 화자가 특징성을 지님으로써 전반부와 후반부의 심리적 상황 전개를 이분법하는 양면성을 도출하는 기법이 참으로 압권이다.

그리고 시행 중 〈아직도 내 눈썰미에 얹히는〉〈명경 같은 그리움 안에〉〈무지개 고운 날들을〉, 후반부의 〈달그림자 열어가는 푸른 새벽〉〈서둘러 하루를 몸단장하고〉〈그대와 나 하루의 입담으로/그 옛날처럼 정겨운 하루가 되었음 하네〉에서 보듯 더할 수 없는 사랑의 극치미를 존재론으로 의미를 서 경화로 명징 짓고 이별 이후의 공허함과 그리움을 영원히 잊히지 않을 사랑의 구도 설정을 각인시킨 일련의 시어 배열들이 참으로 눈부시다. 전반부의 닿을 수 없는 소원을 후반부의 자조적인 현실의 상황적 요소를 이미지image화하는 발상 전환으로 더욱 감성적 발아를 높인 이 시는 전, 후반부로 시행을 구분 짓고 두 가지 뜻을 나타내는 중의법 형식의 특징성을 지닌다.

울음이 미어지는 가슴으로도
나는 길을 나서고 싶다

눈송이 펄펄 나는 산야를 뒤로
아직도 이파리 하나 돋지 않는
뼈만 앙상한 나무들 지나
갑자기 살肉에 닿는
얼음 찬 바람에도 나는 길을 나서고 싶다

마을 지나 들과 광야로
한 고뇌를 홀홀 털며
누군가 어떤 빌미로 완벽히 차단한
비밀한 그곳에
설령 고통스런 미래의
눈물이 있다고 해도
나는 오늘 길을 나서고 싶다

- 「길손」 전문

하나의 고통과 시련, 그리고 자조와 울분으로 현재의 심경과 감성의 기복을 여과 없이 토로한 이 시는 직유시로 분류되지만, 제목에서 보듯 어쩔 수 없는 환경과 여건, 그리고 극복할 수 없는 재앙이나 신체적인 일부 손실이나 심신미약으로 현재를 탈피할 수 없는 '나그네'로 표징되는 의미적 요소를 목적어로 하고 있다. 주지적 삶을 교훈적 삶으로 여과 순화한 시로 혼돈과 경쟁의 사회에서 결코 낙오하거나 실기하지 않고 어떤 희망적 상황을 실현하기 위해 각고의 노력으로 현재를 탈출하려는 감성과 심성을 매개체로 한 이 시는, 3연의 각 결구에서 〈나는 길을 나서고 싶다〉에서 보듯 보다 절박한 생生의 처절한 심경 토로의 동어 반복어가 시작의 발아요, 중심이요, 대단원이 되고 있는 것이다. 시간적인 압박과 공시적共時的 효과로 어느 곳이든 길을 나서면 유토피아적 상황은 아니더라도 새로운 길, 즉 지금보다 적극성을 지닌 희망적 상황이 기다리지 않겠는가 하는 새 출발의 근거를 전면에 호소력 있게 기술하고 있는 이 시는 어떤 영감inspiration에 초점을 맞추고 있다. 제목의 〈길손〉은 '나그네'적인 마음을 직시한 것으로 보인다. 존재의 의식은 언제 어디서나 삶을 유지하는 동안 탐구 의식을 전제한다. 시적 긴장을 내면의 축소판으로 극명한 맥락을 전개하는 시인의 시어 구사를 높이 평가하고 싶다.

무릇 사물을 파악할 수 있는 거리는
너와 나의 시각의 경계로

오감의 인식에 따라 차별성을 가지는데
언제부턴가 앞순위는 중시되고

천시되는 후순위의 이 세상

오늘도 때와 장소에 따라
한세상 내내
신열을 앓는 앞과 뒤

이른 봄 잎보다 먼저 꽃을 피우는
나무들 아래
미처 계산 않은 열애로
후순위의 꽃들이 미리 몸살을 앓는다

- 「오감의 시각」 전문

의미적 요소를 규율한 잠언적 요소의 시이다. 우리 인간 상황과 한 생애를 사유와 과정과 결과론을 자연인 꽃을 도입하여 의인화 personification한 이 시는 이상주의와 자기 능력과 현대의 표준, 그리고 현실을 고려하지 않은 출세 지향주의를 간접 비판한 주지시로 교훈적 삶을 여과한 시이다.

어쩌면 주체적 역량 안에서 소외되는 모든 살아 있는 것들의 대척점에서 그 척도를 분별하는 은유metaphor와 일부의 풍자satire를 가미했다고 볼 수 있겠다. 우리 사회에 만연한 일등주의와 우선주의를 연관 짓고 주위를 의식하지 않고 최고를 표방하는 일꾼 때문에 파생되는 각종 부

조리와 소외감을 일목요연하게 함묵하고 있는 이 시의 요체는 1연의 〈언제부턴가 앞순위는 중시되고/ 천시되는 후순위의 이 세상〉과 3연의 〈미처 계산 않은 열애로/ 후순위의 꽃들이 미리 몸살을 앓는다〉이다. 이 시의 의미적 구조는 주관적인 근원에서 비롯되는 한의 구조에 초점이 맞추어져 있어 전통적인 우리의 유가 사상에서 비롯되는 차례와 순서, 그리고 질서를 은연중 환기시키는 데 맥점을 놓고 있다고 보여진다. 인문학 중심의 한학에 깊은 조예를 가지고 있는 시인의 무한한 시적 역량에 감탄할 뿐이다.

쓴 약은 몸에 좋다지만
이리도 체험으로 오는 고달픈 세상사
이쁜 꽃의 향기로 환생할까
일생을 달래며 반성하며
육신을 비우고 단정히 해도
결코 오지 않는 봄

실속 없는 허명을 버리며
속절없는 한세상
타고난 업보 하나와 친구하며
공명정대하게 살며
누를 끼칠 일 하나 없어도
어쩔거나

쓴 약이 몸에 좋다지만

— 「쓴 약」 전문

시인은 비교적 짧은 시행과 간결한 문체, 그리고 참신한 시행을 선호하는 듯하다. 그렇다. 주제를 산만하게 서술하거나 내용미의 복잡한 시적 기술을 여러 각도에서 해체하며 암시성을 강조하는 일련의 추상시나 초현실주의의 시들은 아직도 현대시의 주체가 되지 못하고 변방의 시로 꾸준히 실험시의 계열에 머물고 있을 뿐이다. 이 시는 동어 반복어의 시행을 처음의 시작과 결구에 놓음으로써 보다 확실한 메시지의 효과를 극대화하고 있다.

여러 가지 힘든 인생사의 시련과 고통, 그리고 우직한 삶을 여과 순화하며 정도正道를 지향해 가고 있는 소시민의 그늘을 집합하고 있는 이 시는, 언젠가는 희망적인 사안과 미래를 바라보는 감격을 소원하며 현재의 처지와 삶을 타고난 업보로 명징 짓고 모든 것을 비우고 반성하며 성찰하며 묵묵히 인내해 가는 삶의 과정이 참으로 눈물겹다. 그러나 언젠가는 꿈꾸는 미래의 희망과 꽃피는 한 시절이 올 것이려니 생각해 보며 현재를 극복하며 자조해 보는 삶, 즉, 〈쓴 약이 몸에 좋다지만〉의 시행에 자꾸만 눈물이 나는 것은 우연일까.

수많은 태풍과 비바람에
가지마저 꺾이고 뒤틀어져

몰골마저 볼썽사나운데
소담한 밥상처럼
철근 같은 완강한 뿌리라 하여 얻어진 이름
훗날 뭇사람들의 칭송과 위안이 될 줄이야
모진 추위 잘 견디며 수명이 길고
드높은 기개와 위용으로
우리 백의민족의 정신과도 닮아
조경수로도 깊은 애증을 갖는 것
반송에 걸린 솔바람이 무리로 앙탈부려도
옹골찬 기백으로 우뚝 서서
사철 보란 듯 운치 있는 모습으로
하늘을 우러르는 저 푸른 기상

— 「반송盤松」 전문

　시인이 살고 있는 지명인 반송동을 일컫는 반송盤松을 여러 형상의 각도와 우리가 갖는 마음과 정신을 일탈한 이 시는 사실 키가 작고 옆으로 둘레로 퍼진 소나무를 동기 부여로 재생시키고 있다. 그 반송의 지형학적 모양과 지금의 발전상을 의미한 여러 중심을 시인은 줄곧 의미 깊게 보아오며, 즉 제주의 노스탤지어를 오랫동안 삶과 생활의 기반이 된 반송을 제2의 고향으로 낙점하며 긍정심과 자부심을 갖고 있다고 보여진다. 직유와 시각시로 변모시키며 애향심을 논리적으로 비약시킨 이 시는 역동적인 표현미에 기교를 구분 짓는 시행들이 전연체를 이끌고 있는 점이 서로의 상관성을 지닌다고 하겠다. 한국적인 정서와 정감이 가감 없이 주조를 이루는 이 시는 반송盤松이란 동적인 의미로 부활 재생되고 있는 의미론을 주의 깊게 볼 필요가 있다. 일견 자신을 단련시키고 일깨우며 또 다른 애향심과 행복으로 미래의 동력을 얻고자 하는 의지가 표출된 시로 즉, 반송 자신임을 각인시킨 공감적 의미를 상징성으로 조화를 얻고자 함이다. 그리고 무한과 유한 사이에서 시적 이미지image를 상생의 원리로 재조명한 긍정적인 인간애적 가치관과 생활 면모를 삶의 깊이와 접목시키겠다는 의지 표출도 함께한 시로 보인다.

이제 중견 시인으로 네 번째 시집을 상재하는 현형수 시인은 시인의 내성을 관찰할 수 있는 보다 견고한 시로 그의 시적 특성의 여러 상황적 면모와 생경감과 미래 보기로 보다 밝고 투명한 자화상을 각인시키며, 체험과 경험으로 다시 부활하는 인간 존재론으로 서정시의 영역을 떠난 또 다른 시적 실험을 하고 있다고 보여진다. 더욱 큰 시인으로 거듭나기를 바랄 뿐이다.

다양한 상징성의 공감각적인 심상시 편
- 현형수 시인의 시 세계 -

시인 최 창 도

　시詩는 곧 존재의 가치와 미래 보기를 위한 목적의식 그리고 생애의 다양한 분별력과 정서와 서정적 발아의 산물일 것이다. 현형수 시인은 시집 5권을 상재한 중견으로 자신만의 시적 영역을 이미 구축한 시인으로서 인간 본연의 정신세계와 다양한 상징성의 시들을 접목시켜 유가적인 시들로 현실을 직시하는 시인으로 문단의 주목을 받고 있다.
　다시 말하자면 그의 시적 발아는 공감각적synaestnetic인 심상을 모티브motive로 하나의 우주론처럼 다양한 주지적 발상에 근거한 별개의 의미론으로 부활 재생시키는 난이도 높은 시들을 보다 쉽게 유화하고 있는 특징성을 지닌다. 보다 맑고 신선한 서정성과 절제된 시어와 간결한 문체들이 탄력적 표현미를 더하고 있는 데 더욱 주목하고 싶다.

　　어제 본 빼어난 산 그림자는
　　오후 늦게야 돌아왔다

처음의 정서를 간직하지 못하고
바람 부는 대로 횡설수설하며
다만 그림자의 시늉으로
산山의 이마를 넘고 있었다
야생의 때 묻지 않은 얼굴들을 격려하며
일제히 겨울이 흔들리는 곳으로
길은 점점 산 안에 갇혔다

모든 것은 분위기 안에서
빛들의 풍경을 옮기고
뱃속 깊이 자연으로 흔적을 드러내고
사철 아늑한 둥근 목소리로
자라나는 몸체를 다독이며
어둠의 그림자가 기승을 부리는
세월을 기다리는 나무들처럼
차례로 아득한 명상으로 저물어 갔다
간혹 자신도 모르게 떠나는 것들을 기리며

- 「고독을 읽는 명상」 전문

전반부와 후반부를 각 9행씩으로 나눈 이 시는 이미지 image가 거느리
는 메타포 metaphor가 명상의 섬세한 이유와 통찰력을 무아의 경지에서

관찰하는 시인의 집중이 눈부시다. 주제의 과거와 현재를 밀도 있게 재구성하여 순수한 감성 안에서 형성되는 시적 구도 설정이 한몫하고 있는 빼어난 시이다. 움직이지 않는 부동의 산山을 주제로 하고 명상을 화두로 더욱 큰 그림을 그리고 있는 이 시는 맑고 조용하고 단아한 심상이 우선 돋보이는 시로, 전반부의 〈어제 본 빼어난 산 그림자는/ 오후 늦게야 돌아왔다〉에서 보듯 어쩌면 실존적 자아를 대비시키는 관찰의 의미를 상징적으로 변모시키는 난이도와 함께 성공한 시로 보인다. 우리 인간에게서 평소 살며 살아가며 겪게 되는 외로움과 고독을 명상의 대단원으로 복원시킨 이 시는 한국적인 정서와 감각적 언어들이 내재된 시어들로 우리의 토속적인 언어들과 시간적인 연대를 직시하는 전반부와 후반부를 이끄는 시행들의 조율과 타이밍이 참으로 절묘하다.

〈어제 본 빼어난 산 그림자는/오후 늦게야 돌아왔다〉,〈모든 것은 분위기 안에서/ 빛들의 풍경을 옮기고〉,〈어둠의 그림자가 기승을 부리는/ 세월을 기다리는 나무들처럼〉은 낮과 오후 밤을 유효 적절히 대비시키며 섬세하고도 날카로운 맥점을 유지시키는 탁월한 시적 수사로 자못 압권이다. 시적 화자로 이 시를 이끄는 상징적 뉘앙스의 의미적 요소이기 때문이다.

　사진 한 장에
　덕담 건네고

　사진 한 장에

정 붙이고 그윽하고
사진 한 장에
너와 내가 울고 웃고

그래도 사진 한 장에
늘 나란히로 있고 싶어

렌즈에 초점 맞추며
하나 되는 마음

누군가 하나가 될 때까지
간직하고 싶은 사진 하나가

- 「사진첩」 전문

12행의 이 시는 부부 인생의 한평생을 함축하고 있다. 생애에 초점을 맞추며 서로가 하나이듯 지극한 사랑의 애모가 내자內子를 먼저 떠나보내고 그 고통과 시름을 사진첩을 보며 못 잊어 하는 극진한 부부애가 아포리즘aphorism 을 통해 독백체의 모놀로그monologue로 재생된 이 시는, 과거와 삶의 과정 그리고 추억과 현재가 순수한 감성 안에서 형성되는 사랑의 구도 설정이 자못 압권이다. 주제의 모티브 안에서 실존적 자아를 대비시킴으로 부부애의 극진한 사랑을 이미 사별하고도 현재 진행형으로 유화하는 비교적 쉬운 시어로 정감을 높이는 시로 또 다른 일상적 낭만과 로망으로 추억하는 어쩌면 이분법의 시로 군더더기 없이 전연체가 주는 시의 맥락은 참으로 교과서적이다. 나약한 인간의 정서와 심리 묘사와 우울 안에 잠재된 부부애의 개연성을 승화시킨 애모의 시로 4연의 〈렌즈에 초점 맞추며/ 하나가 되는 마음〉은 함께한 일생을 목표와 이상과 뜻을 한결같이 두 사람의 합일을 애절한 원앙 같은 사랑으로 이룩했다는 표징일 것이다.

네가 나를 보듯이
나도 항시 너를 본다

꿈속의 유언처럼
존재와 비존재 사이에서
사계절 서로 다른 꼴이 세상을 알현하듯
우리는 언제나 한 목적이었다가
한 자유처럼 지극한 이유이듯
어둠 달이 건너는 곳마다 여명이 오듯

이윽고 꽃이 피던가
우리는 서로를 반듯이 세우기 위해
서로의 안에서 본능이었다가
세월을 건너는 한 행간이었다가

이를테면 세월을 지나면 또 다른 나뭇가지에서
처음의 꽃 울음이 울 듯

너와 내가 서로 지켜보듯
이 시대를 함께 살듯이

- 「동행」 전문

    우리 인간은 더불어 살며 이익과 행복 공존을 함께하는 모듬살이 동물이다. 내가 있고 우리가 있고 더불어 함께하는 이웃과 사회가 존재한다.
    이 시는, 인연과 삶의 뜻과 희망 그리고 한 시대를 함께 하는 동류의식을 초점으로 공감각적 synaestnetic 의미를 접목시킨 의미적 요소의 시이다.
    일견 쉬운 시어들을 암시적 효과를 대비시키며 화합과 이해를 명료히 주체화시키는 공시적公時的 내용을 거느린 시로 승화시킨 점을 주목하고 싶다. 더구나 일부 회화적인 묘사로 선명한 영상미까지 갖춘 것과 시인의 넓고 깊은 무게를 더한 것은 탁월한 시적 역량이리라. 3연의 〈이윽고 꽃이 피던가/ 우리는 서로를 반듯이 세우기 위해/ 서로의 본능이었다가/ 세월을 건너는 한 행간이었다가/ 이를테면/ 세월을 지나면 또 다른 나뭇가지에서/ 처음의 꽃 울음이 울듯〉에서 보듯, 인간의 변화무상한 삶의 유형과 그를 극복하는 노력과 의지와 미래 개척을 한 표상의 시행들은 참으로 절구이다. 詩는 결코 난해하고 어려운 변별력으로 추상적 의미를 가미해서 이해를 혼돈시키는 실험 시 아류의 초월주의여서는 결코 안 된다. 시인의 발상적 근원의 주지와 내용미가 독자와의 연대감으로 어떤 정서와 호응과 감성을 매개체로 이해의 폭을 넓히는 데 주안점을 두어야 할 것이다. 1연과 마지막 연은 하나의 시작과 결구이듯 서로 상이한 내용과 뜻을 효과적으로 외형률과 내재율을 배분함으로써 동적動的 역할론으로 부활 재생시킨 의미론으로 주의 깊게 볼 일이다.

모든 소극적인 것들은
자리를 일으켜 세우기 위해
빼앗긴 혹은 신기한 미래를 위해
파랑으로 물드는 계절을 보며 반전을 꿈꾼다
새로운 맹세와
감금된 모든 것들의 앙금을 지우며
현재의 체위를 바꾸며
소리는 기척으로 존재를 알리기 위해
칼날 같은 바람 위에서의 서늘한 침묵

생애를 복원하며
시작과 끝을 대비하며
언제나 헤어지지 않는 길을 위해
다시는 실기하지 않으려

오늘도 우리의 면전에서
각고의 노력으로
새로운 맹세와 출발을 위해
반전을 꿈꾼다

- 「어떤 반전」 전문

인간의 목적의식으로 대별되는 성격과 성품 안에 "반전"이란 현재의 주어진 여건과 환경을 극복하며 긍정적 효과의 창출은 물론 더욱 나은 미래지향적인 삶의 표준이 되는 것으로 이 시는 그 원인적 발아를 추적한 시로 적극성과 소극성을 대비시키고 있다. 특히 1연의 〈파랑으로 물드는 계절을 보며 반전을 꿈꾼다〉에서 보듯, 색상 대비의 '파랑'을 접목시킴으로써 다가올 미래의 꿈과 이상의 표출을 상대성으로 도입하고 있다.

하나의 예로 2연의 〈새로운 맹세와 감금된 모든 것들의 앙금을 지우며/ 현재의 체위를 바꾸며/ 소리 없는 기적으로 존재를 알리기 위해/ 갈날 같은 바람 위에서의 서늘한 침묵〉은 그 어떤 실의와 포기 자조 등을 물리치는 긍정적인 면모로의 새로운 시작과 출발을 강렬한 메시지로 일깨우고 있다.

이 시는 논리적인 비약이 눈부신 시로 암시적 효과도 하나의 심상적 근원으로 표출되고 있는 의미적 시이다. 즉 새로운 미래의 창출과 성공은 더욱 큰 고독을 수반해야 이룩될 수 있다는 암시적 효과는 매우 심플simple하다.

살며 살아가는 과정의 인간의 내면적 세계를 공감각적 의미로 환유법으로 이끈 교훈적 주지시로 기다림의 미학보다는 반전의 기회 즉, 실기하지 말라는 긴장감도 더하고 있는 시로 현대를 살아가는 우리에게는 더욱 긴요한 목적의식과 가치관을 함께할 것임은 자명할 것이다.

시계탑 앞에서 벽을 생각한다
나아가지 못하는 내 생각과
이루지 못할 소소한 희망들
여러 잡념이 어울려
의기소침해지는 날

오늘도 일치하지 못한
하루의 일과들을 짐 지고
공원의 시계탑 앞에서
필사적으로 양지를 꿈꾸지만
왜소한 나를 일으키지 못하는
세월만 원망할 뿐
하나의 궁리는 벽과 마주할 뿐이다

나무와 숲과 도회도 일시 정지로 있는 듯한
이 환상에서 깨어나기 위해
운수 타령만 하는 이 고뇌는 언제쯤 끝날 것인가

촌음의 시각에도 응어리로 오는 벽을 마주하며
울분으로 날이 새다

- 「방황」 전문

　일반적인 공간의 개념은 시간적 상황적 혹은 무아의 인식에서 비롯된다. 어쩌면 생활적 삶의 답보나 기로의 선상에서 일별 되는 한 단면일 것이다. 전연에 흐르는 휴머니즘humanism이 더욱 감동을 주는 이 시는 현 시대의 경쟁적인 상황과 처절한 생의 승부 근성에서 결코 낙오되지 않으려는 절박함이 일견 숙연해지는 시로 1, 2, 3연에 공히 동어 반복어로 언급한 '벽'이 화두요, 화자로 회자되고 있다.
　주체적 역량 안에서 소외되는 모든 삶의 난관과 꿈과 이상이 하나의 인생의 대척점에서 늘 소외와 실의와 나락에 빠지는 실패로 규정되는 것을 하나의 '벽'으로 명징 짓고 모든 것의 근원을 하루로 셈하는 시계를 도입함으로써 이 시詩의 실체를 조명하고 있다. 시간이 가고 세월이 지나도 전혀 목적한 결과를 습득하지 못하고 미래의 희망이 전무한 상실감을 시계탑과 벽을 삼위일체 함으로 더욱 극렬히 통증을 앓고 있는 이 시대를 방황 짓는 이 시는 발상과 전개 대단원을 이루는 과정이 서로의 시너지synersy 효과도 가짐으로써 성공하고 있는 가작이다. 질식할 듯한 궁핍한 삶과 미래가 전혀 보이지 않는 현재에서 촌음의 시각을 도입한 것은 시인의 시적 역량이 탁월한 소산이리라. 또한 이 시는 암시를 부정적 측면에서 대비시키며 보다 나은 제3시대를 갈구하는 이면의 세계를 높이 평가해야 할 것이다.

 3연의 〈나무와 숲과 도회도 일시 정지로 있는 듯한/ 이 환상에서 깨어나기 위해/ 운수 타령만 하는 이 고뇌는 언제쯤 끝날 것인가〉가 바로 우리 시대가 개척해야 할 난제요 숙명이기 때문이다.

 오늘도 가고 있다
 시간과 세월과 함께

 빈손의 수줍음으로
 색깔과 온도가 바뀌는
 계절과 함께

 지금의 시각을 갈무리하며
 요령껏 오늘 하루를 계산하며

 한 독백처럼
 소극적인 이름들을
 부지런히 일깨우며
 기다리는 사람 마중하는 사람 하나 없어도
 오늘도
 머나먼 약속처럼 길을 나서며
 건널목에서 세상을 읽다   -「건널목에서 세상을 읽다」 전문 표제어의 이 시는 세월과 윤회의 시간과 함께하는 오늘을 각인시킴으로 삶의 존재와 생활을 표징한 시로 내면적 실존 위의 자아를 때와 시기와 시간을 일별한 연관성을 지닌다.

즉, 회화적 요소로 의미적 요소를 가미시킨 직유시이다. 소시민적인 하루를 풍유법 형태로 이끈 시로 일견 평범한 시로 보이지만 현대의 우리가 갖는 마음 안의 허무가 목표를 실기한 안정치 못한 대안을 고민하는 다수의 무료를 관조했다는 데 의미가 있다고 하겠다. 여기서 맥점은 맨 끝 연의 〈기다리는 사람 마중하는 사람 하나 없어도/ 오늘도 /머나먼 약속처럼 길을 나서며/ 건널목에서 세상을 읽다〉로 요약된다. 하루가 다르게 발전하는 문화와 문명의 이기에서 소외된 소시민의 정신적 압박과 정서가 압축과 절제된 이 시행들을 주목할 필요가 있겠다고 하겠다. 그렇다, 어쩔 수 없이 아무런 희망이나 대안 없이 미래 지향적인 목표나 가치관을 지닐 수는 없지 않겠는가, 그냥 로봇처럼 움직이는 다수의 민초를 동기 부여로 삼은 이 시는 현세의 이기주의와 물질주의의 본능이 주는 이 사회를 통렬히 비판하는 주지도 간접적으로 회자하고 있는 시다. 상징시 *symbolicpoem*로 성공시킨 시로 보인다. 끝 연의 시행 중 〈머나먼 약속처럼 길을 나서며/ 건널목에서 세상을 읽다〉는 주제가 방황이라는 점에서 참으로 절구이다.

오늘은 나무 하나를 심다

뒤란의 음지에

우직하게도 반항처럼
나무 하나를 심다

홀로이 이 나무가 어떻게
계절과 자연 그리고 온갖 재해를 극복하며
홀로이 장성할지 두고 볼 일이다
고통과 서러움으로 인고한 나의 한평생처럼

이 시대의 상징으로
옥죄는 내 마음을 탈출하려
모질게도 극성스럽게

오늘은 나무 하나를 심다

- 「어떤 인내」 전문

 이념과 사상 종교와 더불어 문명과 문화가 충돌하는 암울한 이 시대에서 우리는 자신의 주체와 온전한 삶의 방향 그리고 희망적 미래를 추구하며 가족과의 연대감을 지키며 함께하는 가치관을 누리기는 참으로 어렵다.
 이 시는 반항적 의식으로 자신을 스스로 학대하며 현실의 인내와 고통을 감당함으로써 초월주의transoendenta의 비판의식에 근거한 저항적인 시로 자아를 찾아가는 하나의 건널목에서 세상을 읽다의 실험 시 형태로 접근한 시이다. 시인의 의사와는 반대로 하나의 반항 의식으로 생물이 자라는 가장 어려운 환경인 음지 척박한 땅 뒤란에 나무 하나를 심으면서 그 나무의 성장하는 과정을 지켜봄으로써 현재 자신이 이룩하지 못한 목표와 좌절된 인생, 그리고 고통과 인내로 점철된 한평생을 대비시키며 지켜보겠다는 어쩌면 시인의 아집과 응어리가 함묵된 처절한 오기가 함께하는 이 시는, 주제적 내용미가 매우 반항적 사고로 점철된 시다. 발상적 전개가 특정성을 지니는 시로 시인의 반항 의식과 현 사회의 불만과 불안 그리고 미래를 확실히 예견할 수 없는 정황이 촉매제 역할을 한 것이다. 현실적인 근황을 부정적인 측면으로 암시하며 보다 나은 제3의 세계를 갈구하는 이분법으로 자신을 시험하는 구조의 시로 성공하고 있다고 보여진다.

빗소리 들으며 추억 안을 거닐다

그때 그 시절
소담한 그리움들 사이로
나의 자화상이 함께하는 밤
비는 종일 한 규격 사이로
낯선 이의 물음처럼
생애의 추억 근처에서

허물 벗는 얘기로
　　밤새 수선대는데

　　기회를 실기한 언어들
　　내 정수리에 날카로운 빗소리로 닿는데
　　오오 오늘도 새벽 4시의 밤으로 침몰하는 새벽 비가
　　내 살아온 인연만큼 아프게
　　목마 태운 그리움으로 나를 일깨운다

　　　　　　　- 「빗소리」 전문

일상적 삶과 생활을 관조하는 낭만과 로망이 함께하는 이 시는 〈빗소리〉를 매개체로 현재와 과거 미래가 함께 공존하는 분위기에 그 맥점이 있다고 할 것이다. 빗소리를 들으며 변화와 감성을 주는 각 연들이 서정성lyricism을 주체로 낭만시romanticpoem로 전개하지만, 이 시의 주지는 삶과 생활 속에서 고통받는 이 시대의 민초와 자신의 자화상에 진실을 부여하며 허무와 자조적인 하소연보다는 4연에서 보듯 〈기회를 실기한 언어들/ 내 정수리에 날카로운 빗소리로 닿는데/ 오오 오늘도 새벽 4시의 밤으로 침몰하는 새벽 비가/ 내 살아온 인연만큼 아프게/ 목마 태운 그리움으로 나를 일깨운다〉에서 보듯 과거의 질식할 듯한 가공할 그 인고의 세월 속에서도 언어의 일조를 더한 희망적 미래의 사안인 결구의 〈목마 태운 그리움으로 나를 일깨우다〉로 명징 지음으로써 다시 재기할 수 있는 희망적 사안으로 미래를 복원시킨 점을 높이 평가하고 싶다. 그의 시적 특징성의 한 단면은 하나의 발상적 제재로부터 소재를 선택하는 여러 상황적 측면을 적재적소에 역점을 둔 시어들의 배분에 탁월한 역량을 가졌다는 점일 것이다.

앞으로 현형수 시인은 다양한 시적 경험으로 보다 지평을 넓혀 깊이와 무게를 더한 탁월한 역량을 중심에 두면, 보다 시대를 앞서가는 큰 시인으로 거듭날 것으로 본다.

평론

고갈되지 않는 맑은 샘을 향한 날갯짓
- 현형수 시인의 시 세계 -

박 종 래(시인·평론가)

자연계에는 거스를 수 없는 여러 가지 법칙이 존재한다. 그 가운데서도 생자필멸生者必滅이란 대명제命題 앞에서는 누구도 감히 반박의 여지를 찾는 억지를 부릴 수는 없을 것이다. 하지만 가끔은 그 철칙을 벗어나고자 갖은 힘을 기울이는 것들과 그로 말미암아 영구永久하지는 않지만, 어느 정도는 성공적인 결과를 얻는 경우도 드물게는 만날 수 있다. 공중을 나는 새 중 왕王으로 꼽는 독수리가 그 하나의 예例가 된다. 독수리는 천명天命이 다가오면 두 부류의 종류로 가름 된다. 하나는 대략 60년쯤으로 어림 되는 천명에 순응하며 죽음을 수용하는 무리의 대다수 독수리이다.

그러나 극히 드물게는 타고난 목숨을 마감함으로 끝맺음을 해야 하는 숙명宿命, 수용하기를 거부하고 또 다른 60년 주기율의 생生을 획득獲得하는 독수리도 있다. 그런데 타고난 수명만 다하고 죽음을 맞는 길은 아무런 계획도, 고민도, 애씀도 필요하지 않다. 그냥 하루하루 주어진 대로 의식 없는 삶을 영위하다 보면 이르는 자연스러운 결과일 것이다. 이와는 달리 거의 죽음의 무저갱까지 내려가는 인내와 절제 육신을 찢는 고통의 결과물로 주어지는 또 다른 주기의 삶을 획득하는 독수리의 기행奇行은 가히 참혹할 만큼 처절하다.

먼저 죽음의 냄새와 그림자가 자신에게 다가와서 어른거릴 무렵이면 독수리는 동족조차 알 수 없는 깊은 숲속이나 계곡 혹은 높은 바위 위로 몸을 숨긴다. 그때부터 독수리는 아무것도 먹질 않는 단식을 통해 몸속의 모든 것을 비워낸 후 자신의 부리로 피가 뚝뚝 떨어지도록 자신의 깃털을 남김없이 뽑아 버린다. 그리고는 발톱도 뽑아 버리고 최후에는 부리마저도 바위를 쪼아 깨트려 버린다. 그렇게 처절한 사투 끝에 코앞까지 다가오는 죽음의 그림자를 응시하며 절체절명絶體絶命의 고독 속으로 자신을 던진다.

미세한 바람의 흔들림에도 반응하는 영겁永劫의 시공時空을 관통貫通한 혼魂이 재탄생되는 극적인 순간, 혼불의 생성을 거치는 독수리에게 새롭게 60년이 부여되는 해탈의 경지에 다다른 것이다. 시인 현형수는 마치 독수리가 환골탈태換骨奪胎의 거듭남을 통해 새로운 생生과 기氣를 부여받듯이 메마르기를 거부하는 샘처럼 맑고 정갈한 시혼詩魂의 용틀임으로 우리에게 경이롭고 신선한 시적詩的 도전 정신을 일깨운다. 고갈枯渴되지 않는 맑은 샘을 찾아 끝없는 날갯짓으로 시인 현형수가 펼친 7개의 지평地平 하나하나 속으로 순례자의 겸허함을 가지고 들어간다.

제1부 고요로 짓는 미소

모진 바람이 보채는 아침
정겹게 넌지시 웃으며
던진 말 한마디 몇 시각 흘렀을까
"옵서예" 잠시 후 다시
"똑 옵서예" 얼마나 괴롭고 고통스러우면
늘 병상을 지키시는 나에게
어린애처럼 이리도 맑게 보챌까
오늘도 그 어리광 푸념을 늘어놓았네
아침저녁 7시의 면회 시간
그 속상한 가슴 누가 달래나
이 고비만 잘 넘기면
온전한 몸으로 쾌유할 것이라며
마음 다짐하며
하루가 십 년같이 응어리로 오는데
"정겹게 똑 옵서예"
그 한마디의 말
유언이 될 줄이야
칼바람 비명처럼 서늘한 밤
비둘기 울음처럼 너울지는 통곡의 밤

- 「마지막 한마디의 말」 전문

시집 전체를 7부로 나눈 구획 중 제1부 「고요로 짓는 미소」에 속한 시다. 시인이 오늘에 이르기까지 겪어야 했던 수많은 고난, 마치 독수리가 새로운 생명을 얻기 위해 심연을 모를 깊은 고독 속에 자신을 팽개치듯 던졌던 고통 가운데 사랑하는 사람과의 별리의 아픔을 회상한다. 슬픔을 슬픔으로 토하지 않은 채 고향 사투리가 주는 정겨움에 담은 은유로 마치 정인 사이에 미처 고백하지 못한 애틋한 대화로 승화시키는 기억은, 차라리 화자의 가슴이 무너지려는 비명이다. 터져 나오려는 통곡을 비둘기 구구거리는 읍소泣訴로 치환置換시키며, 한 줄 유언으로 화자의 창고 한 모퉁이에 서늘하게 저장하는 모습은 비장미悲壯美마저 감돈다.

제2부 도전

한 끼의 양식을 구걸하려
이 시대의 가난을 물리치려
폐지 줍는 노인 하나
새벽 4시 건너고 있다

세상의 모든 것이
잠 속의 꿈을 거닐고 있는 시각
적막이 귀 기울이는 부근으로
낯선 길을 더듬으며

운명처럼 짐 진 가난의 수레로
오염된 이물질들을 채집하며

빈혈이 돋는 거리에서
어둡고 추운 이야기의 주인공으로
흥건한 땀으로 생애를 만지는 시각

오늘을 이긴 당찬 노인 하나
동터 오는 골목길에서 물기 젖은 눈으로
깨어 있는 모든 것의 그리움을 보다

- 「폐지 줍는 노인」 전문

가난은 나라도 구제하지 못한다는 속담이 있다. 그러나 우리나라는 그 정도가 작심作心하여 OECD 국가 중 노인 빈곤 인구가 사회 문제로 대두된 나라이다. 우리나라 부모들은 오직 자식 양육과 그들의 뒷바라지에 전념하며 일생을 산 결과 자신의 노후 대비는 거의 무방비 상태로 절대 빈곤에 노출되는 결과다. 제2부 도전에 속한 -폐지 줍는 노인-은 화자의 사회를 바라보는 시각 속에서 문제점을 밝히는 의식의 구조를 엿볼 수 있을뿐더러 「약자 코스프레」에 새롭게 생명을 연장받은 독수리 닮은 노인 청년의 도전 정신으로 사회상의 탄식이나 원망을 부추기기보다는 주어진 나날을 당차게 이겨나가기를 주문한다. 시대의 가난을 물리치려/ 폐지를 줍는 노인 하나// 중략 「폐지 줍는 노인」 부분. 구걸보다는 운명처럼 주어지는 가난을 물리치려 새벽 4시를 건너는 노인, 적막이 귀 기울이는 낯선 거리를 가난의 수레를 끄는 극 빈곤 계층의 노인들, 그들은 시인의 정감 어린 눈길이 닿자 독수리가 되어 운명을 박차는 젊은 도전자가 된다. '빈혈이 도는 거리'란 절창의 표현으로 묘사한 노인은 바로 시인 현형수 자신의 오브제다.

제3부 시작과 결과

안과 밖은
언제나 일치할 수 없는 생각으로
뜻과 이별로 나뉜다

오늘도 온화한 부드러움 속에
독과 갈퀴를 세우는 응어리로
해와 달처럼
분주한 하루의 바퀴를 굴리는
세상만사

온전한 마음속에
커다란 득으로 돌아오는

저- 온유의 기울기

자전하는 지구의 마무리

이 하루를 평정하다

- 「온유溫柔」 전문

　도교 사상에서는 바깥 사물과 나, 객관과 주관, 또는 물질계와 정신계가 어울려 한 몸으로 이루어진 그것을 물아일체物我一體라고 말한다. 기독교에서 태초에 천지가 창조되기 전, 땅은 공허하고 카오스의 세계였다고 말하는 것과는 유(체)를 달리한다. 사람의 마음도 안과 밖이 대부분 그러하듯이 일치를 이루지 못하면 뜻과 이별로 나뉜다고 시인은 구별 짓는다.

　제3부 시작과 결과에서 현형수 시인은 온화한 부드러움 속에도 독과 갈퀴의 응어리가 해와 달이 마치 지구를 가운데 두고 자전의 수레바퀴를 돌리는 게 세상만사라고 갈파한다. 그러면서도 연륜이 주는 성숙함으로 그 모든 것을 아우를 수 있는 것은 매일의 삶을 평정할 중량감을 가진 것은 온유라고 말한다. '온유한 자는 복이 있나니 그들이 땅을 기업으로 받을 것 임이요.' 흔히 산상수훈 또는 팔복의 설교로 알려진 신약 성경 마태복음 5장 5절에 온유한 자가 누리는 복은 풍요로운 물질의 복이라고 말하고 있다. 시인이 지금까지 누리는 분복分福이 있다면 시인 스스로 온유의 덕목德目으로 자신을 일깨우는 지족知足의 삶을 부단히 추구했기 때문이 아닌가 유추類推된다.

제4부 앙금 사이

오늘 밤 너를 불사르라
그리하여 내 정신에서
영원히 너의 이름을 지우리라.

하나로 굳건히 되게 하리라
어느덧 낯선 너의 이름 안에서
나를 고백하며
이 세상의 하염없는
둥근 생각을 만지는 밤
너와 나의 마음 안에 한 불멸의 성자가 살 듯이

- 「앙금 사이」 부분

한 사람의 일생을 통틀어 보면 인간관계든, 사물과의 관계든, 때론 자신 내면의 문제를 막론하고 순풍에 돛단 것처럼 평탄한 관계성이 유지될 때도 있지만, 불편하게도 갈등으로 빚어진 앙금이 쌓일 때도 있다.

그런데 많은 사람은 그것을 마치 죄인의 수감 번호처럼 가슴에 새긴 채 삭이지 못하고 있다. 마치 구약 성서에 등장하는 인류 최초의 살인자 가인의 이마에 새겨진 표시처럼 마음 한구석에 응어리로 담고 있다.

그런데 현형수 시인은 그것을 가슴에 품은 채 다음 날, 다시 솟아오르는 말갛게 씻긴 해를 대할 수 없는 태생적 시인임을 보여 준다. 그래서 사위가 잠든 깊은 밤, 그 맑고 순수한 영혼의 불에 그 앙금을 말갛게 불사르고야 만다. 이윽고 그 흔적을 도말塗抹해 버린다.

그래서 수명을 다한 독수리가 삶을 지우는 고통의 통로를 거치듯 앙금이 남도록 파괴된 관계성 상대에 관한 배려로 재탄생된 너의 이름, 그 생경함을 견디며 둥근 생각을 만지는 시인의 고백으로, 너와 나를, 범인凡人이 감히 다다를 수 없는 불멸의 성자 탄생으로 회복시킨다.

제5부 영혼의 은은한 향

눈앞에 들어온 영실기암과 병풍바위
오백나한의 천혜의 비경 설
핏 구름 지나자 일제의 얼굴 내밀고
소원하는 것 같은 생각에
석가여래 설법하던 영실과 흡사한
석실 영단 동에 양손 잡고 서서
"서툰 자가 되지 않도록 돌아보게
해 주십사"라고 빌었다

어느새 피어난 안개는 곧 허물 벗듯
사라지는 광경을 보니 마치 선계에

당도한 것 같은 느낌을 갖게 하고
화창한 하늘에는 구름 한 점 유유히 지나간다

- 「영실기암靈室奇岩」 부분

　시인 천미川尾 현형수의 프로필을 살피면 우리나라 강산의 아련한 그리움으로 떠오르는 섬 아름다운 제주에서 고고성呱呱聲을 울린 것으로 나온다. 한국방송통신대학교 국어국문학과를 졸업하고 다양한 경로의 문학 활동을 왕성하게 펼쳤다. 월간 '문예사조', 시 부분 등단 '수필시대', 수필 부분 등단이다. 저서로는 '한세상 읽기와 보기', '언제나 내 안의 당신', '동행과 순리의 미학', '아직도 홀로서는 명상', '건널목에서 세상을 읽다' 등 많은 저서를 남긴 족적足跡이 활기차다. 수상 경력도 (사)세계문학상 시부분 본상 수상 새부산 시인협회 유공 표창장상 수상 등 화려하다. 그래서 그의 시편에는 가슴속에 아련한 그리움으로 각인된 고향 제주의 산하와 사람, 방언 등이 자주 등장하며 그것은 고향을 상실한 현대인들에게 반짝거리는 보석 같은 시어로 재해석된다. 새로운 주기의 삶을 부여받은 독수리처럼 힘차게 활공하며 시인의 기억 속에 아직도 살아 숨쉬는 아름다운 제주의 경관과 희미해지는 풍습, 지워져 가는 토착어에 시인의 천착이 펼칠 또 다른 시편이 기대되는 이유가 된다.

제6부 오늘의 길목

내 안을 허물어야
비로소 보이는 내세의 세계
살아 있는 것
죽어 있는 것 모두가
아주 무관한 세월처럼
열반에 들고 있는 산사 가는 길

- 「산사 가는 길」부분

시인 현형수의 시작 세계詩作世界는 구도자求道者의 길이다. 그것도 사바세계娑婆世界를 닫고 내면內面의 소리에 천착穿鑿해야만 다다를 수 있는 경지를 부단不斷히 구도하는 자에게 열리는 열반涅槃의 세계다. 그래서 시인에게는 인생의 길이 산사에 가는 길이며, 산사에 가는 길 역시 인생의 단편斷片이 된다. 살아 있는 것/ 죽어 있는 것 모두가/ 아주 무관한 세월처럼/ 종국에는 더불어 열반涅槃에 이르기를 소원한다.

제7부 추억 속의 명상

먼 데서 눈보라를 짊어진 산들이

절벽처럼 서 있다
나무들 잎새마다 갇힌 눈들은 멀리하고
광야로 강가로 마실로 달려가는 눈
천지가 고요로 대설주의보에 갇혀 있는데
깨어 있는 모든 것들은 깃털을 세우며
더욱 가벼워지기 위해
멀리 가는 연습을 하며 심장을 움켜잡고
서러움처럼 칠흑의 어둠은 운다

길을 묻는 자들의 시선들이
하늘에 닿아 있는 지금
긴장한 하루의 입구에서
점령당한 지구는
오늘은 그대의 면전에서 속수무책이다

— 「대설주의보」 전문

    평評의 도입 부분에 언급했듯이 한 주기의 삶이 닫힐 무렵 인고忍苦의 시간을 견디며 새롭게 한 생애가 주어진 독수리에게도 생자필멸生者必滅이란 대 명제는 벗어날 수 없으리라. 때가 이르매 마지막 생을 마감해야 할 지경에 이름은 말할 나위가 없다. 시인의 혜안慧眼은 「대설주의보」를 접하는 순간 눈보라를 짊어진 산들이 절벽처럼 서 있는 막다른 지경을 본다.

　산새 발자국 하나 보이지 않는 적막한 천지의 고요는 이미 대설주의보에 갇혀 버렸다. 그리고 먼 길을 떠나야 할 숙명의 여정旅程, 깃털을 세우며 인생 중량人生 重量을 내려놓는 연습을 하는 칠흑 속 어둠의 울음을 듣는다. 이제껏 시인 현형수의 삶의 연륜이 짧지 않듯이 그의 시편詩篇의 긴 여정을 기대와 찬탄讚嘆을 아우르면서 탐조探照하는 호사를 마음껏 누렸다.

　아쉬운 마무리를 앞두고 사족蛇足의 첨언添言을 두고 싶다. 젊은이 못지않은 왕성하고 예리한 통찰력으로 많은 시 편을 남긴 성과에 찬사를 보내는 동시에 현형수 시인의 다음 시편부터는 다작多作의 바쁜 걸음새보다는 「대설주의보」에서 시인이 예단豫斷한 절벽처럼, 병풍처럼, 눈보라를 짊어진 산처럼, 인생을 마감할 시점의 거리를 어림하면서 연륜年輪이 주는 원숙미圓熟美가 한결 도드라지는 시편詩篇을 기대해 보는 것은 지나친 욕심일까? ?표를 남기며 졸평拙語를 닫는다.

성찰省察이 빚은, 시인의 청정한 시적 관조觀照
- 천미川尾, 현형수 시집 「바람코지 돌담집」 론 -

복 재 희(시인·수필가·평론가)

1. 프롤로그 - 시인의 시적 감성

천미川尾 현형수 시인의 7번째 상재되는 시집「바람코지 돌담집」은, 인생의 깊이에서 느끼는 감회가 변용의 여러 형태를 이루어 5부 80편의 시가 되고 제주 바닷물 빛으로 출렁이고 있다. 현 시인은, 월간〈문예사조〉에 시로 등단 이후〈수필 시대〉에 수필도 등단하여 한국문인협회 회원이자 국제펜 회원 부산문인협회와 부산시인협회를 거쳐 경일문학에서 회장직을 수행했으며, 새부산시인협회 부회장직을 수행하고 한국문학협회 이사로도 활약하는 황혼에 이르는 현재까지 인생을 시로 휘갑하려는 열정의 시인임을 느끼게 함은 물론, 시의 구축미를 지닌 태생적 시인이라서 서정시의 언덕을 만난 필자와 독자는 여간 기쁨이 아닐 수 없다.

시인들 거개는 어떤 풍경의 반응으로 시의 길이 열린다. 이는 곧 대상의 심리적인 반응이면서 시인의 생각을 나타내는 방도가 결국 비평으로 귀결되는 것이다. 무엇은 무엇이라는 판단과 저쪽에 있는 확대된 비약을 상상으로 포장하게 된다는 점에서 시인의 의식은 논리적인 구축을 이미지로 감싼다.

다시 말해 시는 논리와는 멀리 있는 것 같지만 엄정한 이미지의 구축에 논리가 정치精緻해야만 시의 특성에 접근할 수 있다. 결국 시인의 뇌수腦髓는 치밀해야 하고 사리를 판단하는 지혜가 있어야 시의 성城을 축조하게 된다. 한 편의 시마다 세상의 모든 이치가 들어 있고 한 권의 시집에는 시인의 삶에 관한 총체적인 사상이 담겨진다. 그러나 시인의 의도와 실제적인 의미와 독자의 판단은 다르다고 말한다.

왜냐하면 시는 1+1은 둘이 아니고 셋이나 넷, 즉 애매성에서 질서의 길이 독자에게 넘겨지기 때문이다. 그리하여 문학의 장르에서 시가 가장 어려운 이유가 된다. 시인이 한 편의 시를 창작하는 것은 무엇인가의 의미를 독자에게 메시지로 전달하기 위함이고 감동을 선사하기 위한 시적 장치를 갖추는 것 또한 당연한 일이다. 7번째 시집을 상재하는 현 시인의 시적 궤적을 따라가면서 그의 정신적 추이와 시의 여정을 점검한다.

지금 내 앞은 어디쯤 왔을까
기별과 수줍음으로 고행하는 세월은
허무처럼 저 봄의 한 규격 사이로
근황처럼 하나의 물음처럼 쓸쓸한 지금
누구 하나 관심 갖지 않고
위로해 줄 사람 하나 없이

더욱 외롭고 고독한데
햇살도 가리지 못한 눈물 자국
정시를 알리는 기둥 시계 보며
내 나이를 자꾸 덧셈하는 버릇
오늘도 1시간을 더하고
남은 하루의 시간을 계산해 보니
더욱 짧아지는 수명
추억의 긴 이별처럼 함께 한
감성의 고통 한 점의 꽃으로 벙그는
자유와 평화여

- 「윤회輪廻」 전문

시인이 시 한 편을 엮을 때 고민하는 것이 시제이다. 위 작품은 2연 16행으로 허무한 고독을 윤회輪廻라는 메타포에 실었다.

불교 용어인 윤회輪廻는 해탈의 경지나 깨달음의 경지에 도달하지 못한 사람은 구원된 상태가 될 때까지 이 세상으로 재탄생한다는 의미이다. 이 세상에서 겪는 삶의 경험이 더 이상 필요치 않은 상태 또는 경지에 도달할 때 비로소 윤회가 끝난다는 교리이다. 그러므로 윤회를 부정하면 인과응보 또는 인과법칙을 부정하는 것으로 도덕적으로 살아야 하는 근거가 무너지게 된다고 보는 것이다. 1연에서 화자는 "지금 내 앞은 어디쯤 왔을까"라며 미래의 자화상을 아는 듯 모르는 듯 물음의 형식으로 첫 행을 연다. 봄의 규격 사이로 허무가 다가오고 하나의 물음처럼 쓸쓸한 지금에 처해 있는데 누구 하나 관심은커녕 위로해 줄 사람조차 전혀 없음에 깊은 고독을 노래한다. 시인은 여느 사람과 달리 감성의 촉수가 예민하여 눈 시리게 아름다운 봄날임에도 기쁨이기보다는 더욱 심연에 허우적거리는 내적 우울감에 노출되는 이치에 시가 자라는 것이라서 천형이 아닐 수 없다. 벽시계는 우연인지 정시를 알리는데 봄 햇살은 시인의 고독한 눈물을 가려주지 못한다는 하소가 이 시의 종자가 된다.

 2연 첫 행은 자꾸만 나이를 덧셈하는 버릇에 1시간을 더하고 남은 하루를 계산해 보니 수명은 더 짧아진다는 시어로 짐작하건대 화자의 깊은 고독감은 정점을 이루고, 궁극에 가서는 '감성의 고통 한 점으로 꽃으로 벙그는 자유와 평화여'로 윤회輪廻되는 서정시의 언덕으로 재탄생되는 긍정으로 탈고를 한다. 시인이 겪는 고독은 시에 있어서는 반려자일 뿐만 아니라 기피의 대상은 더욱 아니다. 고독의 그물에 걸리지 않은 자가 어찌 시를 쓰며 어찌 시인이라 하겠는가를 생각하면 위안으로 다가온다. 물론 나이의 층계와 함수 관계가 작용한다는 것을 알아차리는 사람은 현명한 이름이 된다. 고독은 시의 깊이를 만들고 또 성숙한 인생의 친구로 선택하기도 하기 때문이다. 요컨대 인간은 아니 시인은 고독을 잘 다스리는 데서 성장의 매듭을 키우게 된다는 뜻임을 화자도 독자도 알고 있다. 현 시인의 고독은 인생의 함량을 순수로 채워 주는 요소라서 윤회라는 명시가 탄생했음을 부인하지 못하리라. 제주도가 고향인 화자의 추억이 어린 「바람코지 돌담집」을 만나 보자.

소슬바람 온종일 바닷가 억새 흔드는

늦가을 가을걷이가 그립던 날

옹기종기 모여 있는 바닷가 돌담집

세상 지탱할 무한의 무게로

푸른 바다의 물결

골 깊은 달빛 아래

고단하던 일몰 한 해의 발자국도

빛나게 흐른다.

유년의 바람코지 동산은

꽃무지개처럼

풍경 맑고 더욱 청결한 날

모질고 박센 겨울바람 이겨 내고

수 세기를 함께 한 아늑한 청태 낀 돌담집

넓은 한 바다 아름드리 품은 뜻

서로의 부재로 아쉬워하며

회한 아득한 이곳

그리움으로 살아온 삶이

오늘의 화두 하나 짐 지고 걸어보는 시간

				- 「바람코지 돌담집」 전문

시는 고향으로 회귀하려는 속성을 갖는다. 이런 본질은 의식의 고향이 항상 어머니의 의미와 상통하듯 고향의 정서는 곧 자기화를 이루는 암시와 닿기 때문에 떠나버린 고향의 이미지에 열성으로 정서를 투영하게 된다. 제주를 고향으로 둔 화자는 시의 거개가 제주의 소묘를 다루고 있고 내면 깊숙이 자리한 고향의 아늑함이 시적 기초가 됨을 부인할 수 없다. 화자의 마음에는 고향으로의 흔적을 찾아 길을 재촉하는 나이 든 의식을 엿보게 한다.

「바람코지 돌담집」은 3연 18행으로 바람코지라는 이름은 '바람받이'라는 뜻이지만 제주 방언은 '바람코지'라 한다는 것이다. 제주는 독자들도 익히 알지만 우리나라의 남해에 있는 섬으로 섬 중의 가장 큰 섬이다. 인구는 약 67만 명으로 중앙의 한라산을 중심해서 계란 모양처럼 타원형을 이루고 있으며, 2002년 12월 6일 유네스코가 기후 및 생물 다양성의 생태계적 가치를 인정하여 생물권 보조지역으로 지정한 곳이다. 바람과 여자와 돌이 많은 섬이라서 '삼다도'라 불리기도 하는 곳이다.

화자의 시제가 '바람코지~'인 점도 바람이 몹시 세다는 의미가 깔려 있음이다. 경상남도 방언으로는 '바람뻔지' 경상북도 방언은 '바람모지'라 할 정도로 바람의 세기가 상당하는 의미이다.

화자는 1연에서 으스스하고 쓸쓸하게 부는 가을바람인 소슬바람을 대입하여 억새가 흔들릴 정도의 잔잔하면서도 고즈넉한 가을을 독자로 하여금 연상하게 한다. 바닷가에 옹기종기 모여 있는 돌담집이란 표현 또한 바람을 극복할 수 있는 아늑함이 전달되게 한다.

또한 계산할 수 없는 무게로 세상을 지탱하는 것이 푸른 바다의 물결이라고 본 화자는 한해의 발자국도 골 깊은 달빛 아래에선 빛나게 흐른다는 시적 극치미를 선보인다.

2연에서 계절은 바람이 박센 겨울로 독자를 초대한다. 풍경 맑고 청결한 날 바람코지 동산은 꽃무지개라고 표현하는 화자의 시적 구사는 상당하다 못해 삽상颯爽하다.

청태 낀 돌담집에선 수많은 세월의 흐름이 감지되고 회한이 아득하다는 표현 역시 긴 시간이 흐른 뒤의 그리움이 감지되는 대목이다. 그 부재의 긴 시간의 아쉬움을 거슬러 화자는 화두 하나 들고 고향의 곳곳을 걸어가는 자화상을 만난다. 인간은 누구나 귀소본능歸巢本能을 지니고 산다. 하루 일과를 마치면 발걸음이 자연적 집으로 향하는 이치처럼, 우리네 내면에서의 마음 또한 늘 그리움의 대상인 고향으로 향하는 본능을 지닌다. 어릴 적 고향은 가난했든 불행했든 개념을 두지 않는다. 그리운 얼굴만 있다면 모든 슬픔이 승화되는 땅, 바로 고향이란 이름이기 때문이다.

2. 시인이 꿈꾸는 영혼의 안식처安息處

현 시인의 시집에는 제주의 소묘가 여러 빈도로 등장한다. 이 또한 어린 시절의 그리움- 그가 살아온 환경적인 요소가 의미를 키우는 현상일 것이다.

화자 영혼의 휴식처인 한라산의 산 억새 낭창낭창한 용눈이 오름재 등이 아름다운 풍경을 그리며 시어로 자리한다. 시는 구축술이라서 동일한 이미지가 많은 것은 시인의 의식지향을 가늠할 수 있음에서 정신의 추이와 상관이 있다 하겠다. 한마디로 자연의 이미지가 많다는 것은 화자의 성정과 연결 고리를 갖는다. 도시에서 자란 시인과 전원에서 자란 시인의 차이는 확연히 다름을 알 수 있다. 80편의 시 어디에도 시멘트 문화는 찾을 수 없다. 아늑하고 편안한 화자의 시어는 바다와 숲과 꽃과 단풍을 시어로 빚어진 영혼의 안식처 같은 묘사이며 모두 자연이 준 선물이다.

필자는 현형수 시인에게서 놀라움을 금치 못한다. 시 구성을 위한 치밀함에 한번 놀라고 유연한 정서의 묘사나 기술記述에서 다시 놀라고 또 다시 서정시의 정밀한 구성에 놀란다. 이는 인생의 다양한 경험과 사고의 깊이와 성찰省察로 살아가는 그의 진지한 시적 열정이 언덕에 서 있다는 반증이다.

한마디로 그의 문학은 향일성向日性의 문학-식물의 줄기가 햇볕이 강한 쪽으로 자라는 성질로, 시적 사고에서 늘 성찰하는 자유인-화자는 그러한 시인이기 때문이다. 시인에게 나이는 창조 정신이 살아 있고 참신하다면 흔히 말하듯 숫자에 불과하다 전한다. 어느 시인이든 화자의 시적 열정 앞에선 겸손하지 않을 수 없으리라 생각한다.

    남북으로 부챗살처럼 누워 있는
    낮고 작게 보이는 부드러운 능선 중심의
    언덕 산굼부리
    어미용의 새끼 셋 품은 것처럼 보이고

그 울창한 숲에 여러 종이 어울려

함께 자라는 숲

촌각의 시각 산굼부리 신기류

너울지는 무지개 한 쌍 하늘이 시샘하듯

아기자기한 산세의 조망은

한라산의 넓은 들판에

파도처럼 이어진 오름들

감탄의 눈 속으로 들어온다

이렇게 세월은 영겁으로 함께 가는

다랑쇠 오름

습관처럼 마주 보는 참모습

꽃 진 자리 첫가을 들판 시절의

녹음이듯 만개한 산 억새 낭창낭창

은빛 향연 아름다운 풍경으로 오는

몸짓을 보며 저무는 황혼길

홀로 가는 내가 문득 가슴에

나이 셈 해 보며 가슴앓이로 오는 날

- 「용눈이 오름」 전문

위 작품은 1연 21행으로 비교적 장시長詩에 속한다. 시가 길면 꼬리 잡히기가 십상이지만 화자의 맑은 눈에 비친 〈용눈이 오름〉은 사족이 전

127

혀 없이 한 폭의 수채화로 다가온다. 제주엔 오름이란 이름이 많다. 한라산 정상 백록담을 제외한 제주 전역에 펼쳐져 있는 '단성화산'을 '산봉우리'라는 뜻으로 '오름'이라 일컬어진다. 한라산의 기생화산으로 이해함이 옳겠다.

화자는, 세상에 모든 곡선을 거느린 듯, 분화구가 셋이나 되는 오름 중에 가장 인기가 높은 '용눈이 오름'을 시의 종자로 삼았다. 제주시 송당사거리에서 1136번 간선도로를 타고 성산 쪽으로 내려가다 보면 '오름 밭'이 나타난다. 그 초원에는 오름 수십 개가 올록볼록 돋아 있는데, 다랑쉬 오름과 아끈다랑쉬 오름 사이를 지나면 오른쪽으로 미끈한 '손자봉'이 보이고, 왼쪽에 곡선 여러 겹이 어지러이 엉킨 언덕배기가 나타난다. 이 울퉁불퉁한 구릉이 바로 화자의 명시로 탄생되는 '용눈이 오름'이다. 시가 현학적이지 않아서 달리 해설이 필요 없다.

이 작품을 액자 기법으로 표현해 보고 싶은 욕심도 생긴다. 화자는 이 감탄의 풍광을 뒤로하고 자신의 나이를 셈하며 '몇 번이나 더 오를 수 있을까' 하는 염려에 가슴앓이를 종행에 언급했다. 당연한 귀결이라 고개를 끄덕인다. 말똥을 피해 가며 올랐던 필자의 그 당시 느낌도 내 나이를 돌아보니 마지막이란 생각이 앞섰기 때문이다. 억겁이 지나도 용눈이 오름은 거기 있겠지만 어쩌면 우리는 흙으로 돌아가고 없을 거란 허무가 감탄을 넘어 모두에게 영혼의 안식처로 남는 산굼부리다.

위 작품 외에도 화자는 내면을 황혼에 실어서 담담함이 곳곳에 스며 있다. 「새벽 산책」에서는 화자가 나이를 헤아려 보며 사유하는 명상이 보이고, 「산 벽의 숲」에서는 나무와 숲들의 조화에 매료된 자연 예찬이 서려 있고, 「설산」에서는 한라산 구상나무와 돌 매화를 소개하며 폭설에 늘어진 설광雪光을 노래한다. 「실기하지 않은 길」을 만나 보자.

    모두가 자기를 일으켜 세우기 위해
    빼앗기거나 혹은 실기한
    미래를 위해
    파랑새 물든 계절을 보며
    반전을 꿈꾼다
    감금된 모든 앙금을 지우며
    현재의 체위를 바꾸며
    소리로 존재를 기척으로 알리고
    칼날 같은 바람을 위해서
    서늘한 침묵
    시작과 끝을 대비하고
    생애를 복원하여
    다시는 실기하지 않은
    길을 위해
    오늘도 우리의 면전에서
    각고의 노력이 새로운 맹세와
    출발하기 위해서 안전의 꿈을 꾼다

            - 「실기하지 않은 길」 전문

화자가 표현한 〈실기하지 않은 길〉에서 '실기'라는 단어는 용기를 잃어 의기소침함을 뜻한다. '모두가 자기를 일으켜 세우기 위해'로 첫 행을 연다. 일으켜 세운다는 것은 주저앉았거나 포기한 지점에서 사용될 언어이다. 두 번째 행에서 '빼앗기거나 실기한 미래를 위해'에서, 이는 드러내려는 교만이 아니라 잃었거나 움츠렸던 자존감을 분기奮起시키려는 반전의 꿈이라 느껴진다. 세상은 각기 개성이 다른 자아가 서슬 퍼렇게 설치고 상대를 곤혹에 빠뜨리면서까지 자신을 드러내려는 소란이 이어지는 것이 빈번하다. 차라리 빈 깡통은 고요하다. 깡통 안에 몇 알 든 것으로 요란하게 목청을 높이는 세상이라 순수한 시인은 감금된 앙금을 만들 수밖에 없다.

그럼에도 화자는 '칼날 같은 바람을 위해서 서늘한 침묵'과 '시작과 끝을 대비하여' 생애를 복원한다니 평을 하는 필자에게도 솟구치는 기운이 전달된다. 마지막 행에서는 '실기하지 않은 길을 위해' 각고의 노력으로 '안전의 꿈을 꾼다'로 탈고를 한다. 이는 실로 상당한 시적 내공이 아닐 수 없다. 화자의 시는 시선의 다양함을 용해하는 재능을 갖추고 있다. 자연의 미묘한 숨소리를 포착하는 통찰의 눈에서 포착되는 풍경 등이 살아나는 기교로 처리된다든지, 세상을 향한 지고한 내적 성찰로 거듭나려는 노력이라든지 이런 시의 개성은 현 시인의 시적 여정이 지난했음과 시가 곧 시인과 하나라는 일치에서 빚어지는 현란함이다. 또한 어떠한 자연의 아름다움에서조차 자신을 돌아보는 성찰이 내면의 깊이로 다가서게 하는 시인이라서 그의 시어가 눈부신 이치가 되겠다.

3. 진눈깨비로 내리는 추억

　천미川尾 현형수 시에는 영혼을 일으키는 재생의 문법이 있다. 이는 버려서 얻는 기교이면서 하나 더하기가 둘이 아닌 '하나'의 해답을 추구하는 철학적인 사고를 요하는 시의 특징이 있다. 이는 자칫 드라이할 수 있다는 위험도 있지만, 현란함을 꿈꾸는 공허와 수식어구 많은 마리니즘 Marinism의 껍질을 벗고 나타나는 이미지의 생동감은 현 시인의 정신에 들어 있는 시적 확고성確固性을 느끼게 한다. 어떤 사람도 위대한 시인이기 위해서는 동시에 심오한 철학자가 되지 않으면 안 된다는 코울리지의 말처럼 철학은 곧 시의 의미를 확장하는 시인의 정신 문법과 상통할 때 궁극적인 시의 깊이를 만들게 된다.

　3부에서 발견된 현 시인의 작품은 거개가 내면을 향한 시인의 아픔들이다. 화자의 의식은 소멸에서 다시 살아나는 찬란한 꿈을 꾸는 의식과 함께 남성이면서도 섬세한 시어들의 등장은 그의 성정이 얼마나 따뜻하고 인간애로 무장되었는지 가늠케 한다.

　　설핏설핏 이슥하도록
　　이 밤에 내리는 진눈깨비
　　어수선한 하루
　　책을 보다가 문득 잃어버린 추억
　　꺼내 보다가
　　할 일 없이 서성이며

차 한잔의 명상으로 거실의 창밖

진눈깨비를 본다

오래된 기억 속에 호기였던

내 젊음 비춰 보다가

아직 윤곽의 또렷한 먼저 간

이들을 생각한다

침침한 이 밤 진눈깨비

계속 내려 잠 못 드는 밤

쓰라린 기억 불러내어

홀로 닿은 당신의 그 하늘에도

이 밤 진눈깨비 올까

모든 것을 아프게 아프게 생각하다

이슥한 밤 청승맞게 질퍽한 길

바닥에 날리는 진눈깨비여

- 「진눈깨비」 전문

위 작품은 독자들에게 첫 행에서부터 고요한 감정의 도취를 이끌어내기에 충분하다. 이슥한 밤이라 또렷하기보다 설핏설핏 진눈깨비가 내리는 것을 시인은 창문을 통해서 바라보게 되는 정경이 연출된다. 차 한 잔을 두고 독서를 하다가 잃어버린 추억을 꺼내 보다가 바라본 창밖 진눈깨비는 호젓한 감정을 이입시키면서 세상을 먼저 등진 그리운 이들을 소환하게 한다. 이런 기억은 비단 화자뿐만 아니라 시인이 아니더라도 경험했던 실루엣이다. 그러나 다음 행에 들어가면 화자는 잠 못 들고 쓰라린 기억에 호출되어 그리운 이름 당신을 생각한다.

'홀로 닿은 그 하늘에도 이 밤 진눈깨비가 올까'에 이르면 화자의 숨겨 둔 아픔이 아리게 전해오는 감정이입에 들어서게 된다. 이런 표현에서 화자의 시의 길은 화려한 조명을 받는 피에로보다 고독한 인간의 모습을 선택하기에 그의 시는 액티브하다기보다 매우 정적이고 때로는 선적인 압축미를 특징으로 한다. 그러하기에 독자들은 순순히 매료되어 숙연해질 수 있기에 함께 울어 주고 싶은 일체감을 형성하게 하는 것이 시의 매력이다.

'청승맞게 질퍽한 길'은 진눈깨비가 저지른 현상이라기보다 아프고 아픈 기억이 빚은 화자의 눈물이라는 해석이 지나치지 않을 듯하다. 아프고 아프다는 인식은 어쩌면 화자 자신을 꾸짖는 회상이라서 더 잘하지 못한 후회나 미련이 내재해 있음도 발견한다. 천생 시인일 수밖에 없는 화자는 궁극에서는 자기 회귀로서 성찰하는 자리를 늘 준비하는 깊은 성정을 지닌 시인이라 말한다.

1, 2부와 달리 3부에서의 작품들은 주로 화자의 심층에 자리한 시선이 많다. 그리움의 발자국을 찾아 홀로 걷는「흔적 머문 그 길」. 일찍 온 첫겨울 갈색 가랑잎을 밟으며 걷는「어디로 가야 할까」. 늘 아픔의 몸속에 깊이 새겨져 눈빛을 보내는 사람을 기억하는「내 앞에 온 그 사람」. 가슴앓이로 오는 과거를 잊고 신명나게 어울릴 이름 하나를 갈구하는「거룩한 이름」. 그대와 한고비마다 인생을 건너던 추억들이 소환되는「

환시幻視」.

소담한 빗소리에 그리움을 소환하는「빗소리」등 여러 작품이 회상의 그리움으로 점철된 자화상을 만날 수 있는 주옥같은 시들이다. 화자의 시의 길에 갈채가 이어지리라 믿으며 조금은 생소한 작품을 만나 보자.

넉넉한 마음속에
잡념과 고민은 기생하기 어렵고
잘 산다고 거들먹거리면서
크고 많아 신선하게
잘사는 것같이 보여도
초라하면서 가난스럽고
작고 적은 것에서 오는
알뜰함과 생경生硬하게 오는
것과 어디에 비견될까

음미할 때 차 한잔에서 오는
일상의 향기
그 삶의 온전한 즐거움이라
산길 거닐다 먹을 것 얻으며
마음속 비워두면 덜 복잡하다
소박함이 항상 기쁨의 얼굴 되어
자연과 어울리던 그대의 유려한 일상

결실의 무시로 오는 꿈인 것을

- 「마음을 여물게」 전문

시인의 마음 그릇에 무엇이 담겼느냐에 따라 삶을 대하는 방식이 확연히 달라진다. 견고한 자존감이 담겼다면 거들먹거리는 치레는 없을 것이나 이와는 반대라면 허술한 자아로 초라한 내면의 속살이 드러나 오히려 상대로 하여금 측은지심을 유발하게 된다.

1연에서 화자는 교과서적이긴 하나 삶의 중심을 가르치는 교훈을 제시한다. 마음이 넉넉하면 잡념과 고민이 빌붙기 어렵다는 문장은 더 설명이 필요 없이 명징한 울림이다. 작고 적은 것에서 오는 알뜰함은 어디에도 비견될 수 없이 생경하다는 신념을 독자에게 전달한다. 중수中壽에 이른 화자의 가르침이라 조아려 명심해야 할 덕목이다.

2연에서는 마음 여물게 하는 일상을 펼쳐 보이면서 차 한잔의 향기가 온전한 즐거움이요, 산길에서 얻을 수 있는 소박한 먹을거리와 마음속을 비워 두면 복잡할 것이 없음을 일깨운다. 이렇듯 풍부한 생의 경험 철학에서 터득한 가르침이라 한 구절의 경전을 대한 듯 가득해진다. 부디 건안하시어 후학들의 스승으로 건재하시길 기원한다.

4. 성찰省察로 보듬는 삶

인간에게는 고통이란 요소가 따라다니기 때문에 인간의 생활을 독특하게 구성하는 문화가 있다. 다시 말해서 인간이 이 세상에 태어났다는 본질에서 파생되는 – 여기서 빚어지는 고통의 지수는 곧 역설적인 인간의 문화를 생상하게 된다는 점이다. 이는 고통을 감내하면서 새로운 변화를 모색하는 데서 오는 숙명적인 현상일지 모른다. 천미川尾 현형수의 시에는 삶의 진솔성을 바탕으로 본질에 이르기 위한 육성肉聲의 가르침이 있고, 이런 도정道程을 극복하면서 성찰省察로 환치하는 비움의 세계를 위해 시를 엮는다. 시의 여정의 길이 상당하니 독자는 숙연한 자세로 받아들이기만 하면 족하겠다.

    심혈을 기울여서 오는
    안전한 힘은 언제나 웅대한
    포부도 부유함도 이름 없는
    한 골짜기를 지나는 물과 같고
    스스로 베푸는 것은
    한 고행으로
    우물을 파는 것 같아서
    깊을수록 더욱 맑다
    터득할 수 있는 오묘한 진리
    이 세상 번뇌나 시름은
    생살 돋는 아픔 같아서 부귀에
    결코 연연하지 말지어다
    무한의 힘으로

닿는 동아줄로 생을 잡듯이
마음으로 오는 화평은
유목 사이처럼 깊이 간직할
내 안에 다른 부처가 살듯이

- 「생의 화평」 전문

  영국의 평론가 매쉬 아놀드는 시와 종교는 같다는 말을 한 적이 있다. 이는 시와 종교가 인간의 정신이 지향하는 고도한 공간을 목표로 설정되었기 때문이라면 시와 종교는 인간의 정서를 순화하고 정화하는 점에서 종교는 순수를 지향하고 시는 인간의 올곧은 아름다움을 추구한다는 점에서 일치한다.
  화자는 〈생의 화평〉에서 번뇌와 시름을 제거할 화두를 던진다. 웅대한 포부도 부유함도 골짜기를 지나는 물과 같으니 스스로 베푸는 삶을 살라고 권장하면서 더 깊게 우물을 파야 맑은 물을 얻을 수 있다는 경건한 고행으로 안내한다. 참으로 진리가 아닐 수 없다.
  현실은 밀치고 제쳐서라도 상대를 이기고 빨리 자기를 부각시키려 오만 가지 행태가 속출하는 때인지라 화자가 던져 주는 화평의 메시지는 필자에게도 큰 위안이 된다. 부귀에 연연하지 말고 아픔이지만 새살이 돋는 아픔을 선택하라는 교훈은 많은 시를 감별했으나 이토록 오묘한 시어는 신선한 충격이다.
  동양철학인 불교는 신이 없는 종교로 스스로 깨달아 진여眞如를 발견하면 누구나 부처가 될 수 있는 철학을 지니고 있다.

그러니 맹신이 없는 종교로 참 자아를 주인공으로 삼아 늘 자신을 돌아보게 한다는 점에서 시인이라면 종교가 없는 사람보다 종교를 가지는 것이 시의 깊이를 배가시킨다 하겠다. 같은 맥락의 「유체 이탈」을 만나 보자.

> 육신은 불꽃으로 사라지고
> 혼백은 저승에 식구 하나 불리는 순간
> 무엇인가 몰입하는 근원 벗어나 있다
>
> 무릇 한세상 삶을 뒤돌아보는
> 미래의 희망은 간 곳이 없고
> 후회와 원망 아쉬움만 각인돼 있네
> 유체 이탈인 양
> 실체가 없이 미래와 뒤척이는
> 자정의 벽시계는 초점 어린 눈으로
> 말없이 나를 지켜본다
>
> 이 시각 나는 누구며
> 오늘 이후 나는 어찌될 것인가
> 퀭한 눈으로 동터 오는 아침
> 나를 물리치고 세상을 밝히는

오늘 하루 옥죄는 날

-「유체 이탈」 전문

인생의 길에는 어디쯤이라는 가정이 아니라 어디까지인가의 무한 거리를 가야 하는 일이다. 길은 길로 이어지고 결국은 자기의 운명을 이끌어야 한다. 인생의 무게는 보이지 않는다 해도 그 무게는 감당할 길 없는, 끌고 갈 수밖에 없는 자기 존재의 함량이 따라온다. '어찌 될 것인가'라는 미지의 방향에 이르기 위한 허무를 만나고 돌이킬 수 없는 길을 추적거려야 한다. 이런 도정은 끝이 아니라 항상 시작일 수밖에 없고, 시작은 마지막에 이르는 길로 통했다는 점에서 사는 일에 무게가 있다. 사전에서 유체 이탈은 영어로 풀면 이해가 쉽다.

Out of body experience 사람이 육체 밖으로 나가서 세상을 인지하는 경험이라는 말이다. 워낙 신비로운 현상이라서 영화나 책 등에 소재로 쓰일 정도로 번다하게 등장하는 단어다. 평소에 말하기에서도 이 단어가 등장하게 되는데, 자신도 관련된 이야기를 마치 혼이 빠져나간 것처럼 남 얘기하듯 하는 말하기 방식을 '유체 이탈 화법'이라고 한다. '사돈 남 말하네'라는 속담과 맥이 통한다. 화자는 '무엇인가 몰입하는 근원을 벗어나 있다'고 첫 연을 연다.

그것도 벽시계가 자정을 알리는 시각에 시를 엮는 자신을 발견한다. 어찌 보면 단잠에 들지 못한 불면의 시간, 화자는 실체 없이 뒤척이는 상황을 유체 이탈로 느끼는 감정이라 하겠다. 고요가 감도는 상황이 연출되는 그림이 그려지는 대목이다. 이 시각에 화자는 자신을 돌아보는 근원적 성찰을 마련한다.

'나는 누구며 오늘 이후 나는 어찌 될 것인가' 여기에 대답은 아무도 모른다가 맞을 것이다. 그러나 화자는 살아온 내공으로 다짐을 한다. '나를 물리치고 세상을 밝히는 오늘 하루 옥죄는 날'이라며 탈고를 하는 노련미를 더하여 시적 임팩트를 둔다. 법정 스님이 '나는 누구인지 스스로 묻고 또 물어라'는 명언이 생각난다.

범인은 자신감에 살지만 시인은 자존감에 산다는 필자의 말도 더하면서 중수中壽에 사시는 젊은? 춘추를 생각하시어 부디 단잠을 구하시라 권면하면서 5부에 들어선다.

5. 허무와 자화상 찾기

허무는 고독의 입구를 지나오면 만나게 되는 얼굴이고, 허무를 알고 나면 고독은 더욱 친근한 모습으로 다가오는 발걸음 소리를 들을 수 있게 된다.

이를 외면하려는 인간의 노력은 언제나 피할 수 없는 외길에서 만나 함께 돌아오는 동반자가 될 때 고독은 인간의 곁을 떠나는 것이 아니라 인간의 곁으로 돌아오는 친구와 같은 것이다. 고독은 스스로를 알게 되는 과정에서 만나는 일종의 자기 찾기의 처방일 수도 있다.

그러나 이를 적대감으로 생각할 때 고독은 무서운 복수의 칼날을 준비하고 인간을 침몰할 계략을 꾸미게 된다. 인간은 고독과 맞서서 침몰하거나 승리하거나의 결과에 따라 두 가지의 예상을 상정하게 된다.

즉 전자에서는 위대한 인간의 승리를 개인의 위업으로 돌릴 수 있고 후자에서는 패배의 인간으로 낙인이 찍힐 수 있다. 결국 고독은 인간을 성숙시키느냐 아니면 위축시켜 패배라는 팻말을 걸게 되느냐의 시험 무대인 셈이다.

화자의 작품에는 고독이 절절하다. 제주의 구석구석도 언제나 혼자 걸었다. 선암사, 쌍계사, 백련사, 연곡사도 혼자 걸었고, 새벽길도, 시골길, 골목길도 혼자 걸었다. 그만큼 사유의 시샘이 깊고 깊어 인간미에 풍요로움이 더해지고 시적으로는 달관의 경지를 이루기 위한 수행 정진이었다고 여겨진다.

아직까지도 도착 못한 길
스스로 찾아가는
자유처럼 길손이나 구도자인 양
길표 허공을 헤매는 듯
오늘도 온갖 궁상을 마주하며
때때로 비 오고 바람 부는
낯선 날에도 허무처럼 정처 없이
한 체험의 실마리를 풀어가며
찾아 나서 걷는 길
누군가 힘겹게 잡은 손
마주 보며 운명이라 했던가

방랑자의 길손임을 자인하는
이 하루도
세상을 사랑하며 역류하는
내 심장에 누군가
내 이름표 하나 기억하고 있을까
낯선 날 낯선 곳에서
헤매는 하나의 길표인 듯

- 「내려진 이름표」 전문

인생은 잠시 머물다 돌아가는 나그네의 운명이라면 이런 되풀이는 숙명으로 따라오는 그림자일 것이다. 가도 가도 도착이 없는, 다시 말해 구하고 구해도 구할 수 없는 구원이라면 그 구도자는 길표로 떠도는 방랑자일 것이고, 찾고 찾아도 찾을 수 없는 시의 여정이라면 그 시인은 너무도 가혹한 형극이 아닐 수 없다.

대가인 '서정주'가 〈국화 옆에서〉를 3년에 걸쳐서 완성했다고 하니 문학의 앞자리에 선 시詩를 탄생시키려는 길 찾기는 숭고한 방랑이리라.

화자는 길표 허공을 헤매는 듯 오늘도 온갖 궁상을 마주하며 체험을 찾아 정처 없이 찾아 나선다고 토로한다.

'길손이나 구도자인 양' 찾아 나선 길에는 **때때로 비 오고 바람 부는** 낯선 날에 던져진 처연한 화자의 고뇌가 그려진다. '마주 보며 운명이라고 했던가'라는 대목에서는 운명으로 받아들이는 승화된 감성이 도출된다. 이는 세상을 사랑하고 자신을 사랑하는 따뜻한 심장에서 빚어지는 시어가 아닐 수 없음에 숙연하다. 자판기에서 툭 하고 떨어진 음료수를 줍듯 시를 줍는 시인들에겐 참으로 귀한 가르침이 아닐 수 없다.

　화자는 내 이름표 하나 기억해 주기를 바라면서 탈고를 한다. 방황하는 시인이라면 지난 시의 여정이 너무 힘들고 지칠 때 천미川尾 현형수 시인이 앞서 꽂아둔 낯선 이정표에 감사하며 다시 심장을 일으켜 글길을 재촉하자. 인간을 사랑하고, 세상을 사랑하고, 시를 사랑하는 노시인이 건네 준 메시지가 독자의 가슴에 진한 자양분이 되리라는 벅참을 득得하고 시평을 닫는다.

만추晩秋에 응집凝集된
고아高雅한 시적 고찰考察 세계
― 현형수 시인 여덟 번째 시집 「마지막 한마디 말」 론 ―

복 재 희(시인·수필가·평론가)

1.

천미川尾 시인의 옥고玉稿를 다시 만나며 川尾 현형수 작가는 첫 번째 시집 「한세상 읽기와 보기」 두 번째 시집 「언제나 내 안의 당신」 세 번째 시집 「동행과 순리의 미학」 네 번째 시집 「아직도 홀로 서는 명상」 다섯 번째 시집 「건널목에서 세상을 읽다」 여섯 번째 시집 「우아한 잔향」 일곱 번째 시집 「바람코지 돌담집」 여덟 번째 시집 「마지막 한마디의 말」 등, 서정시의 언덕으로 우뚝한 시인이다.

시인 저마다 개성의 소리만 요란한 현실에서 아무런 깃발도 추켜세우지 않고 오롯이 고아한 내면의 소리에 귀 기울이며 시로 자신을 지키고, 시로 주변을 사랑하면서 한 생을 성찰하는 시인이 몇이나 될까에 이르니, 필자는 천미 시인의 옥고를 두 손으로 보듬고 먹먹한 감동에 콧날이 시리다.

川尾 시인은 수필가隨筆家로서, 수필집 「마지막 웃음」도 상재한 상당한 작가라서 필자의 시론이 사족이지 않을까 두렵지만 제7집에 이어 제8집에도 꽃목걸이를 걸어드릴 기쁨으로 다가선다. 川尾 시인의 고향은 바다와 화산이 어우러져 천혜의 자연을 품은 제주도이다.

그러므로 그의 시 속에는 도시의 정서보다 제주 특유의 방언이 시의 맛을 배가倍加시키는 작품도 다수 있다.

월간 〈문예사조〉에서 시로 등단하였으며, 〈수필시대〉에서 「마지막 웃음으로」 등단 후, 만추의 나이임에도 꾸준한 활동을 이어가는 작가이다. 국제펜클럽 한국본부 회원, 한국문인협회 회원, 부산문인협회 회원, 부산시인협회 회원, 세계문인협회 이사, 새부산시인협회 부회장직을 역임하며 현재는 (사)한국문학협회 이사로서 열정을 다하는 작가이다.

수상으로는 세계문학상 시 부문 본상, (사)한국문학협회 문학대상, 현대계간문학 대상 외에도 다수가 있음을 알고 있다. 필자가 하나하나 작가의 흔적을 열거한 이유는 산수 傘(80세)가 한참 지난 川尾 작가의 지난한 삶을 후학들에게 알리고 싶은 셈법이 발동했다고 심경을 밝혀 둔다.

2.

시적 화자를 늘 일깨우는 한마디 말 시는 우회적인 표현이라야 한다. 직접적인 표현은 도덕 교과서에나 나오는 지시문이 되기 때문에 시의 표현은 항상 애매성Ambiguity의 영역에서 허용치 않은 자유를 누리는 특색을 화자는 잘 알고 있기에 우회적인 자기표현의 방도로 먼저 세상을 등진 아내를 지시하지 않고도 독자를 자극하는 감정을 전달한 작품을 만나 보자.

> 모진 바람이 보채는 아침
> 정겹게 넌지시 웃으며 던진 말 한마디
> 몇 시각 흘렀을까
> "옵서예" 잠시 후 다시 "똑 옵서예"
> 얼마나 괴롭고 고통스러우면
> 늘 병상을 지키는 나에게
> 어린애처럼 이리도 맑게 보챌까
> 오늘도 그 어리광 푸념을 늘어놓았네
>
> 아침저녁 7시의 면회 시간 그 속상한
> 가슴 누가 달래나
> 이 고비만 넘기면 온전한 몸으로
> 쾌유할 것이라며 마음 다짐하며
> 하루가 십 년 같이 응어리로 오는데
> "정겹게 똑 옵서예"
> 그 한마디 말 유언이 될 줄이야
> 칼바람 비명처럼 서늘한 밤
> 비둘기 울음처럼 너울지는 통곡의 밤
>
>   - 「마지막 한마디의 말」 전문

2연 17행 어디에도 마지막 "똑 옵서예"라고 말한 대상을 드러내지 않은 시적 애매성이 잘 적용된 사부死婦곡이다.

"모진 바람이 보채는 아침"이란 첫 행이 주는 예시는, 다음 행들에서 섬뜩함을 나열하려는 작가의 배려로 다가온다.

3행에 "몇 시각 흘렀을까"라는 표현 역시 뭔가 일어날 변화의 예감을 던지는 화자의 메시지로 다가온다.

다음 4행에서부터는 누군가 병상에서 고통의 시간을 마주하고 있으며 또한 화자는 면회 시간이 되어야 만날 수 있는 상황을 펼쳐 보이는데, "옵서예" 잠시 후 "똑 옵서예"라고 "어린애처럼 이리도 맑게 보챌까"-그 말이 바로 유언이었고, 이 시집의 시제가 된 "마지막 한마디 말"이 된다.

"모진 바람이 보채는 아침"에 아내를 보내고, 남은 지아비는 "칼바람 비명처럼 서늘한 밤"에 "비둘기 울음처럼 너울지는 통곡의 밤"을 지새우는 그리움을 직면하고 있음을 마지막 행에 배열하면서 탈고된 작품이다.

7집에 이어 8집에서 만난 시적 세계가 더 심오한 깊이로 다가오는 시적 향상에 지난한 작가의 고독을 만나는 숙연함이 인다.

3. 어디에 숨어도 보이는 그대

그리움의 대상은 세상 어디에 숨어도 시인의 눈엔 보이는 의식의 세계 - 그야말로 시가 탄생하는, 시를 위한 파파라치라는 이름으로 자리한다.

그대가 누군지 명료할 필요는 없다. 단지 시인은 사물과 의식이 하나로 일체화를 이루는 작업을 위해서는 저마다 방법이 다르기 때문이다.

川尾 현형수 시인의 의식의 집중화는 남다른 특성을 지녔기에 그리움의 거처를 어디서든 찾을 수 있는 자신감을 지니고 남은 생을 살아가는 시선이 남다른 작가이다. 다음 작품을 만나 보자.

    슬그머니 기생하는 조급한 마음은 무시로
    시간에 쫓겨 언제나 화火를 키우는
    원인이 된다

    그대를 유린하며 좀먹고
    미래의 꿈과 이상을 황폐시켜서
    살며 살아가면서
    긴장된 심신의 안정을 성장과 비례한다

    인생의 시련과 고통은
    결코 부귀와 고통으로 비교하지 말고
    오롯이 평정된 마음 안에 깃드는 화평은
    언제나 슬기로운 지혜를 깨우치며
    내일을 기약한다

    한 발아를 위하여 스스로 다스리는 것은
    무수한 씨앗들이 뻗어간
    나이테의 강건한 의미를 되새김이다

                           - 「삶의 시련」 전문

4연 15행인 위의 작품을 한마디로 일별一瞥하자면 만추晚秋에 다다른 작가가 경험한 자서전 Auto bio graphy과 같은 울림이라 할 수 있겠다.

1연에서는, 조급한 마음은 화를 키우는 원인이라 일침하며, 2연에서는 그대를 유린하며 좀먹던 삶의 황폐화를 견제하며, 3연에서는 시련과 고통을 부귀에 비교하지 말고 화평을 이룰 평정심을 깨우치면서, 4연에서는 "한 발아를 위하여 스스로 다스리는 것은 / 무수한 씨앗들이 뻗어간 / 나이테의 강건한 의미를 되새김이다"라는 멋진 시어로 탈고한 작품이다. 시에도 성별이 있고 시에도 나이가 숨어 있어 아니라고 우기고 싶어도 푸른 청춘에게는 감지할 수 없는 인생의 달관된 경지를 독자에게 선사하는 작품이라서 숙연하지 않을 수 없음을 고백한다. 헤밍웨이가 한 말을 빌리자면 "수많은 시련이 글에는 큰 자산이 된다"라는 의미가 깊이 다가오는 작품이라 하겠다.

4. 해그림자로 저물던 고향 친구

'고향' 하면 떠오르는 이미지가 다정함, 그리움, 안타까움이란 세 가지 유형으로 정신을 지배하는 요소가 된다. 다정함이란 친근미의 정서가 인자因子로 가슴을 채우는 이유로 잠재한다면, 그리움이란 요소는 다정과 그리움의 이유 또한 밀접한 상관으로 접속되어 어머나 친구의 이미지에 닿는다.

이는 고향이라는 지명이 아니라 마음이 따라나서는 길이기 때문이다. 마지막으로 안타까움이란 만나지거나 붙잡을 수만 있다면 발생하지 않는 감정이다. 그리움이나 안타까움에는 떠나온 아득한 거리가 버티고 있고 각자 떨어져 살아온 긴 시간이 만들어 낸 향수인 것이다. 다음 작품에서 화자의 고향에 관한 심경을 만나 보자.

고향을 언제나 잊지 못해
공간을 점령하는 더욱 깊은 사유들처럼
잡힐 듯 손에 잡힐 듯 가까운 바닷가에서
종일 해그림자로 저물던 친구야
물굽이마다 피안에 닿는 우리들
소싯적 한 시절 얼비쳐 꿈꾸던 미래도
그리움으로 오는 이 봄
바라보는 먼 하늘
언제나 함께하며 청운을 꿈꾸던 시절
마음은 한결같은데
우리는 왜 이렇게 나이만 들어
먼 산 둘레에 얹히는 구름만 봐도 가슴
철렁이며 흔들리고 한숨짓는
눈물로 오는 이 봄

― 「흔들리고 싶은 가슴」 전문

우리는 모두 이방인異邦人이다. 그러나 84세의 작가가 그리는 고향이라 다가서면 얼마나 절절한 작품인지 알 수가 있다.

첫 행에서 "고향은 언제나 잊지 못해"라는 표현에서 더 진부한 설명이 없어도 그리움에 함몰당하는 무방비 상태가 된다. "종일 해그림자로 저물던 친구야"에 이르면 작가가 맞이하는 타향에서의 봄이 "그리움으로 오는 이 봄" 외에 어떤 시어가 필요할까에 이른다. 시적 정치망定置網에는 낯설기도 있고, 응축도 있고, 난해미도 있고, 비틀기도 있지만 고향이란 시제에는 그리움이란 흔한 시어를 배제하기는 상당한 어려움에 봉착한다.

2연에서 "우리는 왜 이렇게 나이만 들어/ 먼 산 둘레에 얹히는 구름만 봐도 가슴이 철렁이며 흔들리고 한숨짓는"다는 대목에선 어쩌면 영영 만나지 못할 소싯적 친구들을 소환하여 1연에서 밝힌 "그리움으로 오는 이 봄"이 아니라 "눈물로 오는 이 봄"이라 탈고를 하는 짙은 핏빛의 회상을 만나게 된다. 서정시의 언덕에 선 작가의 시적 경지를 엿보는 대목이라서 부디 남은 생애 강녕하시어 후학들의 표상이 되기를 바라는 심정이다.

5. 남은 자의 지고지순한 그리움

川尾 현형수 작가의 시의 인상은 나이브하면서 여린 감수성을 지녔다고 하겠다. 그리움이 많은 것도 그러하거니와 생을 바라보는 시선 또한 부드러운 식물적 톤이 일관되게 나타난다. 이는 작가의 성품과 연계되는 시적 특질로 자리한다.

여덟 번째 시집 「마지막 한마디의 말」에는 작가의 투명한 인간애가 면면히 출몰하여 독자에게는 감동으로 다가올 다감한 시어들이 줄을 잇고 있다.

젊은? 나이에 다작을 할 수 있음도 이러한 성품이 빚은 결과라 감지되는 대목이라서 존경심에 머리가 숙여진다. 다음 작품에서 작가의 하얀 내면을 들여다보자.

이 한목숨
함께한 잊지 못할 사랑 하나
맑고 유려한 그 흔적
화인으로 남겨두고 간 이승
차마 지울 수 없네

오늘도 천근의 무게로
오는 그리움
이 한목숨
백 년을 뛰다 쓰러지고
해골처럼 여위어 이승의 한 점
이슬로 사라진다 해도

소중한 그 사람 찾아
이 지구 끝까지 헤매야겠네

- 「함께한 사랑」 전문

사랑은 모든 사람을 시인으로 만들 수 있는 가치의 개념이다. 누구나 사랑 하나쯤은 가슴에 지니고 있으며 심지어 동물에게도 사랑의 에너지는 발산된다. 그러나 인간의 사랑은 절제와 고귀함을 지닐 수 있음인데, 절제란 이성이고 감성의 지배와 적당한 거리를 유지하는 것은 인간만의 감정 조절 능력이 있기 때문이라 생각한다.

위 작품 「함께한 사랑」은 작가에게 화인火印으로 상흔을 남기고 떠난 사랑을 "차마 지울 수 없네"라는 시어로 그리워하는 메타포를 담고 있다. 그 사랑이 얼마나 가슴 밑동을 후비는지 시어로 만나 보자.

"해골처럼 여위어 이승의 한 점/ 이슬로 사라진다 해도/ 소중한 그 사람 찾아/ 이 지구 끝까지 헤매야겠네"라는 절규를 들을 수 있다.

川尾 현형수 작가의 시의 태반이 사랑인 셈이다. 그 사랑이 누군지 겉으로 드러나지 않고 안으로 삭이고 있기에 더욱더 독자에게 심금을 울리는 자극으로 다가오게 하는 시적 재능이 응집된 작품이라 하겠다. 이렇듯 시어의 힘은 미사여구美辭麗句가 아니라 진실한 감정 표현에서 그 가치가 탄생한다는 점을 보여 주는 작품이다.

6. 앞을 헤아리는 사려思慮

인간은 운명적인 시간을 받아들이는 사고, 체념의 숙연함에 자기를 받아들이려는 본능이 있다. 이는 앞을 헤아리는 사려思慮가 있기 때문에 상황을 이해하고 수용하려는 마음의 여백이라는 점이다. 대체로 많은 이별이나 시련, 실패 등의 징후는 시인의 삶에 경험의 소재이거나 아니면 상상의 길이 열리는 감정의 포착이라 생각한다. 달리 말하면 심안이 열리는 지혜의 소산이라 해도 무방하겠다. 작가의 지혜가 보이는 마지막 작품을 만나 보자.

    저 숲 너머 길이 있을까
    나침판과 지도만 가진 한 무리의 사람들
    길을 헤매고 있다

    저쪽 산 아래 남으로 난 가파른 숲속으로
    가자며 예감으로 추적한 길은
    아직 이르고 멀기만 한데 왜
    이리 닿지 않은 이유로 미리 수선대는가

    지도와 나침판만 믿고 봄 햇살 가득한
    숲을 헤치며 무작정 나아간다고
    결코 목표를
    이룰 수 없듯이 오늘이 해 너머로

    아직도 마지막 이정표 따라 길을 찾는
    한 무리의 사람들 균형 잃은 이 하루를
    아슴푸레하게 짐 지고 가는 일몰쯤

                          - 「오늘의 길목」 전문

인간은 꿈을 가지고 목적지에 도달하기 위해 신산辛酸한 짐을 지고 가는 유일한 존재이다. 꿈을 이루는 것이야말로 삶의 동력이자 존재의 이유가 되기도 하기 때문이다.

그러나 작가가 밝혔듯이 정확한 목적지도 없이 "나침판과 지도만 가진 한 무리의 사람들/ 길을 헤매고 있다"라는 말은 당연한 헤맴일 수밖에 없을 것이다. "예감으로 추적한 길은/ 아직 이르고 멀기만 한데 왜/ 닿지 않는 이유로 미리 수선대는가"라며 죽비를 들더니 "숲을 헤치고 무작정 나아간다고/ 결코 목표를/ 이룰 수 없듯이~"라며 균형 잃고 허둥대는 무리를 향해 작가는 진정성 있는 걱정에 이른다.

위 작품에서 '길'은 무엇을 의미하며 '나침판과 지도만'은 무엇을 의미하며

'길을 찾아 헤매는 무리'는 무엇을 의미하는지 독자 나름의 길 찾기를 해 보라고 권하면서 한 채의 도서관과 같은 川尾 현형수 작가의 한 권의 시집에서 전달받은 느낌은 다양한 정서의 숲이 우거졌고 향기를 발산하는 이미지의 줄기가 충실함은 물론, 사랑의 감수성이 빚은 인간에의 사랑, 특히 망자인 아내에게 보내는 시어에는 진정한 그리움으로 물결을 이루고 있다.

84세란 춘추에 빚어진 시는 거개가 칼칼하고 고단함으로 줄기를 형성하는 경우가 흔하지만 川尾 현형수 작가의 시는 긍정을 지향하는 희망의 메시지와 대상과 대상에 가로놓인 간격을 바라보는 그윽한 성품이 다감하게 다가온다 하겠다.

또한 자기 찾기의 엄숙함이나 고독을 보듬는 내적 모습이 시의 내면

을 장악하면서도 토로하는 발성에는 의미의 깊이와 유려하게 흐르는 감수성의 인상이 시적 특질로 느껴지는 작가이며, 또한 의식을 전개하는 정서의 기둥을 튼튼하게 세운 상당한 시인이라서 작품마다 꽃목걸이를 걸어드리는 심정으로 시론에 임했음을 밝힌다. 서정 시적 의상이 우아한 시인, - 川尾 현형수 작가가 그렇다.

만추晚秋에 보듬은
동양철학 수용受用과 시적 무드
- 川尾 현형수 9번째 시집 「홀로 지키는 마음」론 -

복 재 희 (시인·수필가·평론가)

1. 천미川尾 시인의 옥고玉稿를 또다시 만나며

川尾 현형수 작가는

첫 번째 시집 「한세상 읽기와 보기」

두 번째 시집 「언제나 내 안의 당신」

세 번째 시집 「동행과 순리의 미학」

네 번째 시집 「아직도 홀로 서는 명상」

다섯 번째 시집 「건널목에서 세상을 읽다」

여섯 번째 시집 「우아한 잔향」

일곱 번째 시집 「바람코지 돌담집」

여덟 번째 시집 「마지막 한마디의 말」

아홉 번째 시집 「홀로 지키는 마음」 등, 서정시의 언덕에 우뚝 선 시인이다.

시인 저마다 개성의 소리만 요란한 현실에서 아무런 깃발도 추켜세우지 않고 오롯이 고아高雅한 내면의 소리에 귀 기울이며 시로 자신을 지키고, 시로 주변을 사랑하면서 한 생을 성찰하는 시인이 몇이나 될까에 이르니, 필자는 천미川尾 시인의 옥고를 두 손으로 보듬고 먹먹한 감동이 앞선다.

川尾시인은 수필가隨筆家이기도 하여, 수필집 「마지막 웃음」도 상재한 상당한 작가라서 필자의 시론이 사족이지 않을까 두렵지만 제7집에 이어 제8집 그리고 제9집을 만나고 보니 구순九旬을 바라보는 만추晩秋의 연세임에도 그 열정과 지난한 시적 여정이 숭고하여 꽃목걸이를 걸어드릴 각오로 시론에 다가선다. 시론에 앞서 천미 시원의 시적 여정을 반추하고 싶음은 필자의 과한 애정일 수도 있지만, 왠지 세심히 다 피력해 드려야 한다는 소명 의식이 솟구침을 숨길 수 없음을 용서하시라.

★ 출생
· 1937년 12월 3일 제주 출생

★ 학력
· 1951년 풍천초등학교 졸업
· 1954년 표선중학교 졸업
· 1960년 표선고등학교 졸업
· 1991년 2월 1일 한국방송통신대학교 국어국문과 졸업
· 1992년 3월 2일 해동불교대학 불교철학과 졸업

★ 경력經歷으로는

· 제주 출생, 시인 수필가
· 월간(문예사조) 시 신인상 시 등단
· 당선작, 마지막 웃음(수필시대) 수필 등단
· 한국문인협회 회원, 부산문인협회 회원
· 부산시인협회 회원, 새 부산 시인협회 부회장
· 국제펜클럽 한국본부 회원
· 한국문학협회 부이사장, 세계문인협회 이사 역임하였고

★ 수상受賞으로는

· 세계문학상 시 부분 본상(2017) 수상
· 새 부산 시인협회장 상(2020) 수상
· 한국문학협회 문학대상(2023) 수상
· 현대 계간문학작품 대상(2023) 수상
· 한국예술문 학신문 대상(2023) 수상하였으며

★ 저서著書로는

· 제1집 「한세상 읽기와 보기」
· 제2집 「언제나 내 안의 당신」
· 제3집 「동행과 순리의 미학」
· 제4집 「아직도 홀로 서는 명상」
· 제5집 「건널목에서 세상을 읽다」

· 제6집 「우아한 잔향」

· 제7집 「바람코지 돌담집」

· 제8집 「마지막 한마디의 말」

· 제9집 「홀로 지키는 마음」이 출간 예정되었으며, 수필집으로 「마지막 웃음」까지 상재上梓, 시로 혼불을 사른 작가이다. 또한 현재까지 게재된 작품은 또 얼마나 장대한지 피력披瀝하려 한다.

★ 공저共著

· 2016년 〈고향을 그리는 문학〉 화안꽃 외 1편(문예사조사)

· 2018년 〈문학의 향연〉 언제나 내 안의 당신 외 1편(문예사조사)

· 2018년 〈청하문학〉 17호 밤새 외 1편(도서출판 문예운동사)

· 2018년 〈한국을 빛낸 문인〉 새들의 외 2편(도서출판 천우)

· 2019년 〈청하문학〉 18호 내 안의 당신 외 1편(도서출판 문예운동사)

· 2019년 〈한국을 빛낸 문인〉 밤의 눈 외 2편(도서출판 천우)

· 2019년 〈숲속의 좋은 문인들〉 가을과 겨울 사이 외 1편

· 2019년 〈현대작가〉 2호 한세상(한국현대문학작가연대)

· 2019년 〈한강의 설화〉 마음의 여백 외 1편(한강출판사)

· 2020년 〈현대작가〉 4호 앞과 뒤돌아보기(한국현대문학작 가연대)

· 2020년 〈청하문학〉 19호 친구야 외 1편(도서출판 문예운동)

· 2020년 〈문학의 향기 가슴으로 흐른다〉 촛불처럼 외 1편
(문예사조사)

· 2021년 〈시와 수필의 향〉 제4호 쓴맛이 충고 외 2편(도서출판 시담)

· 2021년 〈한강의 미학〉 풀꽃 외 1편 (한강출판사)
· 2021년 〈문학의 그 울림의 시간〉 한세월의 세상 외 1편
　　　　(문예사조사)
　2021년 〈청하문학〉 고독을 읽는 명상 외 1편(도서출판 문예운동사)
· 2021년 〈한강의 서정〉 제31집 황야의 꽃 외 1편(한국시인연대)
· 2021년 〈세계를 향한 한영 시선〉 제2집 흔적 머문 그 길 외 3편
· 2022년 〈시와 수필의 향〉 제5호 달려가는 흰 구름 외 2편

★ 작품발표
· 2016년 〈문예운동사〉 통권74호(노을 무렵)
· 2016년 〈문예사조〉 6월호(측정할 수 있는 거리)
· 2017년 〈성지 곡에 햇살〉 12월호(단풍잎에 국화 향 숨네)
· 2017년 〈수필시대〉 통권74호(마지막 웃음)
· 2017년 〈부산시단〉 겨울호(홀로의 한술)
· 2017년 〈문학세계〉 12월호 제12회(존재) 세계문학상 수상작
· 2018년 〈부산시단〉 봄호(물억새의 가을)
· 2018년 〈문학세계〉 5월호 소시집(비언어적 소통) 외 4편
· 2018년 〈부산시단〉 여름호(자존심)
· 2018년 〈부산시단〉 가을호(홀로의 가는 길)
· 2018년 〈부산시단〉 겨울호(섬의 봄)
· 2019년 〈국제펜클럽 한국본부〉 2월호(산오이풀)
· 2019년 〈문예사조〉 2월호(겨울 배롱나무) 외 2편

· 2019년 〈부산시단〉 봄호(환상의 바닷길)
· 2019년 〈문학세계〉 4월호 시향(앙금 사이)
· 2019년 〈부산시인〉 여름호(추억 속의 명상) 외 2편
· 2019년 〈부산시단〉 여름호(언어의 영상)
· 2019년 〈부산시단〉 가을호(한 인생)
· 2019년 〈문학도시〉 7월호(웃음과 신비) 외 1편
· 2019년 〈부산시단〉 겨울호(아직도 홀로 서는 명상)
· 2019년 〈문학세계〉 12월호(나의 문학관, 마지막 말 한마디의 말) 외 4
· 2020년 〈문학세계〉 1월호(아득한 그곳)
· 2020년 〈문학공간〉 10월호(독도 괭이갈매기)
· 2020년 〈문예사조〉 3월호(겨울 산) 외 2편
· 2020년 〈부산시단〉 봄호(새 출발)
· 2020년 〈부산시단〉 여름호(결과보다 과정)
· 2020년 〈부산시단〉 가을호(일찍 찾아온 단풍)
· 2020년 〈부산시단〉 겨울호(모진 사람)
· 2020년 〈부산사랑〉 포토집(태종대 괭이갈매기)
· 2021년 〈부산시단〉 봄호(서로의 하나)
· 2021년 〈문예사조〉 4월호(추억 속의 명상)
· 2021년 〈문학도시〉 5월호(해바라기 앞에서) 외 1편
· 2021년 〈부산시인〉 여름호(콩 자개란) 외 1편
· 2021년 〈부산시단〉 여름호(내일을 생각하며)
· 2021년 〈동서문학〉 여름호(장생의 숲길) 외 1편

- 2021년 〈새한국문학〉 8월호(삶의 굴곡) 외 1편
- 2021년 〈부산시단〉 가을호(한세상 읽고 보기)
- 2021년 〈문학도시〉 9월호(섬의 밤)
- 2021년 〈문학공간〉 9월호(섬의 꽃)
- 2021년 〈부산시단〉 겨울호(산 둘레길)
- 2021년 〈동백섬을 적시는 시〉 새부산시인협회(섬이 그냥 좋았네)
- 2021년 〈도서출판 시담〉 시와 수필의 향(쓴맛이 충고)
- 2021년 〈현대계간문학〉 겨울호(황화의 꽃) 외 1편
- 2021년 〈문학한국〉 10월호(밤새) 외 1편
- 2021년 〈현대작가〉 10호(말 한마디의 행복)
- 2021년 〈문예사조〉 4월호(동행) 외 2편
- 2022년 〈문학한국〉 1/12월(환시) 외 1편
- 2022년 〈부산문인협회〉 1월호 '은빛에 물든 포토집'(환시)
- 2022년 〈문학한국〉 2/3월호(우둔한 나의 삶) 외 1편
- 2022년 〈부산시단〉 봄호(뿌리의 미래)
- 2022년 〈현대계간문학〉 봄호(아침 새벽 산책) 외 2편
- 2022년 〈문학공간〉 3월호(인생사)
- 2022년 〈문학한국〉 4/5월호(한밤의 솔바람) 외 1편
- 2022년 〈문학세계〉 4월호(섬의 애화)
- 2022년 〈월간 한국문학인〉 (물소리)
- 2022년 〈현대계간문학〉 여름호(여름 한밤) 외 1편
- 2022년 〈현대작가〉 제12호(떠난 길 묻다)

· 2022년 〈부산시단〉 가을호(바람코지 이야기)

· 2022년 〈문학한국〉 6/7월호(여름 숲 정에서) 외 1편

· 2022년 〈현대 계간 문학〉 가을호(비운 마음)

· 2022년 〈월간 문학도시〉 8월호(고요로 지는 노을)

· 2022년 〈문학한국〉 8/9월호(가을이 오면) 외 1편

· 2022년 〈문학한국〉 10/11월호(능선을 건너는 노을) 외 2편

· 2022년 〈문학한국〉 12/1월호(동행과 순리의 미학) 외 1편

· 2022년 〈현대계간문학〉 겨울호 (홀로의 한술) 등 시인의 여생이 오롯이 글과 뜨겁게 연애하는 삶임을 짐작게 하는 자료들이라 소개했다.

2. 시詩를 깊이 사랑하면 생불生佛이 되는 이치

시인이 바라보는 사물에 관한 반응은 독특해야 한다. 현상적으로 나타난 사물의 특징을 나열하는 것이 아니라 자기만의 방법으로 사물의 이면裏面을 투시하는 독창적인 계발啓發이라야 시가 시로서 나타나는 결과를 만들 수 있기에, 시인이 시작詩作을 하면서 땀을 흘리는 이유가 되기도 한다.

천미川尾 시인의 9집 「홀로 지키는 마음」의 시적 특징은 동양철학이 이전 작품과 달리 짙게 장악되고 있다. 이는 시인의 종교적 가치가 의식적으로 시에 투영되어 자신은 물론 독자들에게 깨달음의 메시지를 전하고 싶음이라 보면, 이 또한 만추晩秋에 다다른 시인만의 특권이라 조아려지는 대목이다.

시인의 종교적 색채가 뚜렷한 일방성을 가지면, 자칫 편견의 늪에 빠질 수 있는 위험은 자신이 감수해야 할 몫이 되는데, 이 작품에선 그런 우려를 아는지 숨겨 두고 밝히는 시적 균형미가 상당함을 발견하게 된다.

1집에서 8집까지의 시적 표현은 인간애와 제주도 자연을 노래했다면, 이번 9집은 독자들로 하여금 합장合掌으로 안내하는 성찰의 세계가 뚜렷함이 변화된 경지라 하겠다.

시詩를 진정 사랑하면 생불生佛이 되는 이치, 지난한 시작詩作에 경의를 표하면서 경건함으로 시론에 다가서려 한다.

3. 시제詩題, 홀로 지키는 마음

    무한대의 세상에 들어선 것처럼
    천지간 숲에 가려
    보이지 않은 음산한 방
    지평을 열고 누비며 자유의 평화란
    양지의 삶이 얼마나 밝은 빛인지
    가식 없는 내 의식 한가로운 대로 지나고
    보이지 않은 어두움의 미궁 속에
    현기증이 멀미이다

    혹여 산방굴사의 천장에서

뚝뚝 떨어지는 물소리

산방 덕*의 흐르는 사랑의 눈물같이

나의 생에 곱씹은

깊은 밤 스치는 바람결에 돋아나

떨어진 그대의 눈을 한 방울 떠난

머나먼 이별을 예고하듯 홀로

지키는 이 마음 살아온 집 이정표로 깃든

아스스 먼 시야의 등불처럼

* 제주 산방산에 전설로 전해오는 산방산의 사랑의 신 이름

- 「홀로 지키는 마음」 전문

「홀로 지키는 마음」은 2연 17행으로 구성된 작품으로 정밀靜謐한 분위가 압도적인 작품이다. 1연에서 체득된 느낌은, 천지간 숲에 가려 보이지 않는 음산한 산방이지만 오히려 시인의 의식엔 지평地平이 열리고 자유와 평화를 추구하는 성찰을 일깨워 가식 없는 내면의 흐름을 따라서 밝음으로 유영遊泳하는 작가의 심오한 세계를 만나게 되는 작품이다.

2연에서 체득된 느낌은, 시인의 고향 제주 산방굴사의 전설인 '산방덕'이가 출몰한다. 이쯤에서 잠시 전설을 소개하면 '먼 옛날 사냥꾼이 한라산 자락에서 사냥을 하던 중 한라산 정상에서 사슴을 발견하고 활시위를 당겼는데 그 화살은 구름을 뚫고 휴식을 취하고 있는 옥황상제

엉덩이에 꽂히게 된다. 화가 난 옥황상제는 가까이 있는 한라산 꼭대기를 뽑아 던져버렸는데 그것이 산방산이고 그때 패인 자리가 '백록담'이라는 전설이다.

천미川尾 시인은 자신의 시적 기저基底에 늘 애향심이 공고히 흘러왔다. 그 산방 덕의 눈물에서 "똑 옵서예"라며 마지막 인사를 하고 떠난 사부곡思婦曲이 아스스 먼 시야의 등불처럼 시인에게 젖어드는 것으로 탈고를 한 작품이다.

어디에 견주어도 손색이 없는 서정시의 정수라 하겠다. 원로의 시에는 작은 손짓 하나에도 의미가 숲을 이루는 이치, 그만큼 삶의 행로에서 터득한 심도深度가 내장되어 있기 때문이리라. 시를 향한 끊임없는 에너지를 보충하고 찾아 나서는 일은 나이와는 전혀 상관을 갖는 것이 아니라는 것을 발견하게 하고, 형형히 살아 숨 쉬는 시적 언어의 탄력과 절제의 호흡, 그리고 감각이 유기적이라는 조건도 발견하게 되는 川尾 시인의 시가 깊이에서는 아슬아슬하고 높이에서는 근엄한 이유가 된다.

4. 시인이 각성覺性시켜 주는 온후한 화평

모든 철학이 그러하지만, 특히 동양철학은 현세現世를 깨끗하게, 미래를 희망으로 채운다는 점에서 인간에게 유용한 가치로 자리매김된다.

시인의 소명召命도 이러한 절대 가치에 신념으로 다가가면서 선善하고 담백한 삶을 영위하려는 지향에 깃발을 추켜들어야 함을 시인은 호소하고 있다.

다음 작품 「자비」를 만나 보자.

자비는 언제나 나에게도 있고
너에게도 있는 것
하나의 깨달음으로
공평하게 나누는 이익과 존재로
우리가 의식하지 못하는 사이
이미 더불어 소통을 가지는 것

너와 내가 없으면
서로가 불안하듯이
함께 하는 믿음과 신뢰의 뿌리
든든하고 편안한 생명선

언제나 나누어 가지는
한결같은 날의
이 온후한 화평
든든한 근육의 뼈들처럼
이를테면 모든 것의 중심이 되는
빛과 열같이

- 「자비」 전문

자비慈悲는 불교에서 많이 사용하는 언어이지만 한자漢字를 들여다보면 둘 다 마음 '심心'이 들어 있음을 발견한다. 이는 마음을 어떻게 써야 타인에게 괴로움을 주지 않고 평안을 유지하는지 짐작이 되는 시제이다.

위 시의 메타포 역시 그렇다. - 너와 나라는 구분의 경계가 없을 때, 너도 부처요 나도 부처가 되는 용해의 경지 가시적 종자로 다가온다. 우리가 의식하지 못하는 사이 이미 더불어 소통을 해야 한다는 호소는 필자에게도 죽비竹篦가 되어 일침을 맞은 파장으로 전해 온다.

2연에서도, 너와 내가 없으면 서로가 불안하듯이 믿음과 신뢰만이 든든하고 편안한 생명선이라 호소하면서, 근육의 유기적인 든든한 뼈들처럼 불가분不可分의 인연을 이해하면서 빛과 열같이 중심이 되라는 엄중한 경고는, 시가 우리에게 던지는 메시지가 칼보다 두려움이라는 의미로 새겨진다. 조아려 받은 시어에 숙연함으로 1부를 마친다.

5. 가벼운 존재는 공중空中에 뜬다

시인은 때로 신의 음성을 대행하는 엑스터시의 경지에서 얻는 기쁨을 맛보게 된다. 이 행복은 때로는 타인의 삶에 길라잡이가 될 수도 있고 어둠을 밝혀 주는 생명의 빛이 될 수도 있다. 천미川尾 시인의 시에는 무덤덤하나 심오한 시어들이 깊은 끄덕임을 유도하는 재능이 남다르다.

이는 진정성을 삶의 지표로 생각한 휴머니즘의 발상이면서 더욱이 따뜻한 성정性情이 빚은 시적 표현일 것이다. 꾸밈없이 열려진 마음을 지니고 있기에 친근함으로 다가오는 시, 겸손으로 일상을 살아가는 시인의 내면이 정적이면서도 다감하다는 확신이 시를 통해 확인이 된다.

언제 어느 때 나도
소리소문없이 이 세상에서
자취를 감출진대
산기슭에 차례로 놓이는
저 새들의 무덤처럼
언젠가 나도 없고 너도 없는
그곳에서 때로는 무덤덤하게
꽃을 피우리라
세월의 윤회도 보리라

더러는 쓸쓸한 소원 하나
들어 줄 이 없는 삭막한 그곳
길섶의 꽃들도 자세를 낮추고
나를 뒤돌아보는
몸살 앓는 봄이 오면
불현듯 나도 일어서서
이 세상 어디선가
또 다른 나로 태어나
푸르디푸른 나무들처럼
너와 함께 영원히 살고 지고

— 「세상 어디선가」 전문

위 작품에서 두드러진 이미지는 아닐지라도 윤회輪回라는 메시지가 담겨 있고 쓸쓸함과 허무가 시에 촉촉하게 젖어들어 있음을 발견한다. 겉으로 나타내지 않을 뿐, 안으로는 깊은 고독이 진하게 배어난다. 어느 때인지 알 수 없으나 너도나도 자취를 감출 수밖에 없는 순명順命의 자리에서 윤회輪回를 꿈꾸는 시인은 이 세상 어디선가 또 다른 나로 태어나 너와 나 영원히 푸른 나무들처럼 푸르게 살고 지고를 염원하며 탈고한 작품이다.

천미川尾 시인의 시는 언어유희遊戲의 시가 아니라 가슴에서 나오는 심혈心血이 묻어나는 표현들로, 감동은 물론 간결한 시적 구성력이 돋보이는 시인이라서 멈추지 않고 질주한다면 한국 시의 튼튼한 토양이 될 것이라 기대한다.

다음 작품 「존재」에서 기약 없이 사라지는 것들을 알아차리자.

    가벼운 것은 공중에 뜬다
    그리고 한순간 위치도 흔적도
    없이 소멸된다

    어느 한날 무심코 자연히
    아무런 예고도 없이
    우리의 눈 밖에서 사라지듯

    이 세상에서

기약 없이 사라지는 것이

어디 한둘이랴

오늘을 붙잡고 내일을 부지런히

챙기며 스스로 한 희망을

일으킬 때 비로소 보이는 미래

우리의 안에서 기생하는

무수한 생의 입자들 그 안에서

그대 닮은 꿈 하나 보듯이

- 「존재」 전문

 시는 무엇인가라는 질문은 인간이 무엇인가라는 질문과 똑같은 질문이기도 하다. 그렇다면 종교란 무엇인가라는 질문도 해답이 명료하진 않겠지만 같은 질문임을 인지하게 된다.

 그러나 한 가지 명백한 사실은 인간에게 종교宗敎든 시詩든 서로 상관관계를 지니고 있으며 어떤 이유로든 벗어나지 못하는 운명적 묶임이라 인정한다면, 시詩든 종교宗敎든 우주의 중심체인 인간만이 누릴 수 있는 추상의 숲이기 때문이라는 말로 답을 대신하고 싶다. 영국의 평론가 메쥬 아놀드는 시와 종교가 같다고 했다. 이는 인간의 정서를 순화하고 정화한다는 점에서 추구에 일치점이 조성되는 이유라 하겠다. 천미川尾, 현형수 시인의 제9집 처처에 이러한 발심發心이 기저로 적용되었음을 발견하게 한다.

위 작품은 아무런 예고도 없이 홀연히 사라지는 존재를 터치하면서 그 허무라는 존재 안에서 오늘을 붙잡아 내일을 챙기어 한 희망을 일으켜 꿈이 되게 하라는 진한 메시지가 담긴 작품이라서 감동의 물살이 깊다.

난해하지 않으면서 절절한 감동으로 다가오는 시어들 –시어의 연금술사가 아닐까! 엄지척으로 화답하며 2부를 마친다.

6. 연애, 매력과 매력의 거래

사랑은 인간이 정복해야 할 가장 높은 산이면서 동시에 가장 낮은 산일 수 있다. 이런 이중적인 잣대는 암담한 해답을 불러오는 일이겠지만 사랑을 떠나서 존재할 수도 있고, 또 사랑의 중심에서 삶이 사랑으로 귀착되는 예를 빈번히 만나기 때문이다. 사랑은 이질적인 상대와 내가 하나로 통합을 이룰 때, 사랑의 넓이와 깊이를 갖추게 되고 영원성이라는 믿음을 서로 키우는 과정에서 신뢰라는 가장 기본값이 형성되어야 한다고 생각한다. 구순을 바라보는 시인이 다룬 「연애의 협상」은 어떤 것인지 만나 보자.

연애도 하나의 거래
연애할 때 대체 이런 거래
어떻게 할까

의식을 하든 안 하든

　　연애는 사실이다
　　연애는 쌍방의 감정적 교감이라고 생각할 때
　　한 사람이 좋아하는 데는
　　어떤 이유에서 또는 거래 같은 것도
　　존재하지 않은 것 같이 보인다
　　의식을 하든 말든 균형을 염두에 두고
　　균형 의식에는 매력과 매력의 거래
　　쌍방의 결혼 대상으로는
　　남성은 연하인 젊은 여성
　　여성은 다소 연상인 남성을
　　선택하고 싶은 공평이론이란 점을…….

　　　　　　　－「연애의 협상」 전문

　시詩에는 나이가 없음을 여실히 보여 주는 작품이라서 소개하려는 장난기가 발동했음을 고백한다.
　첫 행을 '연애도 하나의 거래'라며 시적 포문을 연 작품이다. 언뜻 갸우뚱하다가 다시 시를 대하니 우리 모두 아닌 척해도 궁극엔 거래라는 셈법이 있을 수밖에 없다는 끄덕임에 도달하게 됨을 인정하고 싶음이다.
　2연에서, 한 사람을 좋아하는 데는 거래 같은 것이 존재하지 않은 것

같이 보이지만, 3연에서 "의식을 하든 말든 균형을 염두에 두고서", "매력과 매력의 거래"요 남성은 연하를 여성은 다소 연상을 선택한다는 시인의 논지이다. 그러면서 이러한 연애의 협상을 '공평 이론'이라는 명제로 탈고한 작품이다.

사랑과 연애가 아름다운 깊이라면 그만큼 슬픔도 고통도 정비례되는 이치가 아닐까에 이르지만, 그럼에도 사랑이 발전하여 연애에 이르는 가슴들이 많아질 때 세상은 환하게 밝아지리라 믿는다. 시도 그렇다고 기록한다.

다음 작품은 한 사람의 처지나 형편을 다룬 「신세身世」를 만나자.

나에게 진 신세 갚으면
그 고마운 마음 품은 신세 서로 이로워서
나를 성장시키고 어떠한 성취에도 도움되네

순경과 역경 모두 나의 응원자라
좋은 일에 함께 기뻐하고 격려하며
또 겸허하게 배우고
비판을 적게 찬미를 많이 하며
구업을 기피하였네

평상심의 즐거운 마음으로 착실한
한 걸음 한 걸음 내딛는 것

자신의 단점을 많이 알고 더욱 빠른 성숙으로
많이 듣고 많이 보고 적게 말하고
손발은 재빠르게 씀씀이는 느리게 오로지
지내보고 분발심 얻어서 성실한 삶의 도량을
넓혀 가는 온당한 일체의 시야 간직함이다

- 「신세身世」 전문

 천미川尾 시인의 깊고도 그윽한 서정시의 언덕 위에서 불교적 명상의 시간을 갖게 되어 기쁨이 인다. "순경順境과 역경逆境 모두 나의 응원자"라고 표현한 시인의 성숙된 성정이 돋보이는 작품이다.
 물론 시詩는 지혜를 설명하는 것이 아니라 지혜를 감득感得하게 함으로써 감동과 순수 그 자체라야 하겠지만 비어 있음이나 채워 있음은 다만 그대로의 현상일 뿐이다. "평상심의 즐거운 마음으로 착실한 한 걸음 한 걸음 내딛는 것이 도량을 넓혀 가는 온당한 일체라" 시인은 가르친다. 더 무슨 변이 필요할까? 숙연해질 따름이다.

"자기를 바로 봅시다.
자기는 본시 구원되어 있습니다.
자기는 항상 행복과 영광에 넘쳐 있습니다.
극락과 천당은 꿈속의 잠꼬대입니다.
모든 진리는 자기 속에 구비되어 있습니다.

만약에 자기 밖에서 진리를 구하면 이는 밖에서 물을
구함과 같습니다.

자기는 영원하므로 종말이 없습니다.
자기를 모르는 사람은 세상의 종말을 두려워하여
헤매고 있습니다.
욕심이 자취를 감추면 마음의 눈이 열려 자기를
바로 보게 됩니다"

- 성철 스님 생전에 설법

7. 진한 그리움으로 적시는 한 사람

시란 시인의 정신적인 감수성을 표현하는 언어의 미학이라는 데 다른 이론이 없을 것이다.
다시 말하면 시의 의미는 곧 시인의 정신적인 총체성을 나타내는 언어의 미감이라는 점에서 자화상을 그려 나가는 셈이기 때문이다. 시인이 작품의 구성상 은유와 비유 또는 낯설기로 감춘다 하더라도 시는 생물이라서 거짓 없이 살아 꿈틀거리며 감동으로 다가와 환히 투영되기 때문이다. 한 편에서는 감별이 어려울 수 있지만 한 권의 시집에서는 어디든 시인이 숨을 곳이 없다는 것은 명확한 사실이다.
시인의 가슴은 진솔한 고독 속에서 자기를 찾아 나서는 방랑객일 수밖에 없다. 천미 시인도 사별死別이라는 아픔을 숨길 방도는 그 어디도 없음을 시어는 밝히고 있다. 이제 서정시의 언덕으로 우뚝한 그 진한 그리움을 만나 보자.

엄동의 칼바람 이리도 사나운데
봉우리 기슭마다
종일 먹구름 흐드러지게 휘도는 곳
육신을 땅속에 눕혀 놓고
밤마다 그리도 마음 허전한 그리움
적시는 사람 있어

연둣빛 저녁노을 푸른 숲속에
저물면 꿈결에도 아늑한
호숫가 유유한 백조 한 마리
이야기 삼아 밤을 지새우며
지난 세월 눈물로 회상하는 밤은
이리도 깊어 가고

생전에 화안한 꽃처럼 웃으며
소담한 이야기 안에서 그윽하게 나를
마중하던 그 사람 차마 못 잊어

-「겨울 아득한 그곳」 전문

나의 의지와 무관하게 다른 성격
또 다른 외모로 어느덧 타인처럼 되었네
그가 보고 느낀 것 사랑스러운 얼굴 돋보며
함께 슬퍼하고 분노하는 감정에 전도되어
낯설은 일상을 새로이 경험하네
중환자실의 알뜰한 보살핌도
다른 시선으로 세상을 보듯 문득
현재를 깨닫는 낯선 순간 공감의 시선으로
자연스럽게 받아들이는 그 얼굴
아름답고 정겨운 그 목소리로
"똑 옵서예" 내 손을 잡았네
차가운 보름달이 온 세상을 만지는 밤
이 고비만 잘 넘길 것을 위로하며 울먹이는
가슴으로 한없이 울었네
참담한 심정에 차마 발이 떨어지지 않은
지구의 밤은 그렇게 깊어 가는데
비통한 심정 전율로 오는 이 밤

- 「평등한 달빛」 전문

위, 두 작품은 매우 성공적인 시어의 구사와 상징으로 빚어진 이미지의 신선감 그리고 비유에서 생성된 의미의 깊이는 감동으로 전율을 느끼게 한다.

　이런 저력은 시인의 여정을 열정으로 걸었다는 가늠을 하게 하는 단서로 다가온다. "육신을 땅속에 눕혀 놓고/ 밤마다 그리도 마음 허전한 그리움/ 적시는 사람 있어" "지난 세월 눈물로 회상하는 밤은/ 이리도 깊어 가고" "소담한 이야기 안에서 그윽하게 나를/ 마중하던 그 사람 차마 못 잊어" "참담한 심정에 차마 발이 떨어지지 않은/ 지구의 밤은 그렇게 깊어 가는데/ 비통한 심정 전율로 오는 이 밤"이라는 시어들은 정적인 이미지를 동원하여 스미듯 다가오는 부재의 한 사람이 시인에게 얼마나 깊은 상흔으로 다가서는가를 절절하게 느끼게 하는 표현들이다.

　칼바람 이는 엄동의 밤이 시인에게 더 길 수밖에 없다는 사실은 독자들에게 진한 서러움으로 다가서게 하는 시적 매력이 상당한 작품이라서 필자에게도 기쁨의 원천이 된다.

8. 잘 내려놓아야 얽매임에서 벗어난다는 깨우침

　천미川尾 시인의 시는 모든 생명과 대상을 긍정으로 바라보는 시선들로 역력歷歷하다. 이런 성정은, 수많은 경험 철학이 배경일 수 있겠지만 무엇보다 타고난 태생적 성향이 지대하다 판단된다.

　1집에서 8집까지의 시의 메타포가 서정시에 기저基底를 둔 것이었다면, 9집에 이르러 전개된 시적 구성은 소멸을 꿈꾸는 재생再生, 또는 윤회輪回의 동양철학이 담겨져 있다. 이는 버려서 얻는 기교이면서 하나 더하기 하나가 둘이 아닌 하나라는 해답을 추구하는 심오함이 그 특징이다.

　이는 자칫 시가 드라이할 수 있다는 위험도 있지만, 현란함을 추구하는 공허와 수식이 많은 매너리즘의 허물을 벗은 뒤에 오는 것이어서 생동감으로 연결되어 신선함으로 다가온다. 장고長考한 시적 여정에서 득得한 시인만의 확고한 정신세계라 머리가 숙여진다.

　　병은 의사에 맡기고 생명은 운명에 맡기고
　　바로 마음을 다하고 온 힘을 다하고
　　본분을 다하여 사사로운 일은 정으로 처리해도
　　공적인 사무는 이치로 처리한다

　　얻을 수 없는 사물은 얻기 위해 싸우며
　　소유하고 있는 것 위해
　　선용하되 과거 미래 연연하지 말고 현재 것만
　　잘 관리토록 하여 잘 내려놓으면 모든 것
　　포옹 소유할 수 있다

　　잡을 수 있으면 방법과 힘입기가 시작되어
　　있는 것 놓을 수 없음을
　　다시 잡기 위함이니 진보는 잡고 놓는
　　그중에 있고 지난 후 긍정적 사색을 하는
　　계기이며 교훈을 얻는 것이다

탐욕이 없고 집착이 없으면
존엄을 지킬 수 있고 모든 인연 그때에 소중히
따르면 바로 모두 유일무이한 것을
자신을 개입시키지 않으면
성가신 문제도 생기지 않고
자아 득실을 버리면 곧 얽매임에서 벗어난다

- 「상스러운 뜻」 전문

　비트겐슈타인의 「파리 잡는 항아리」에 보면 항아리는 유리로 되어 있고 항아리 중앙엔 파리를 유인하려는 유인물이 들어 있고, 파리는 이 유인물을 따라 항아리 밑으로 들어오지만 위는 막혔고, 아래로는 나갈 수 없어 오직 유리 항아리 속에서 유리 밖을 향해 절규하면서 일생을 마쳐야 한다.
　유리 밖의 세계를 향한 열망은 꿈이자 소망이지만 운명은 결코 이를 허락하지 않는다는 명징한 가르침인 것이다.
　항아리 속에 갇히지 않으려면 어떻게 해야 하는지는 천미川尾 시인의 위 작품이 방향을 제시해 준다. "본분을 다하여 사사로운 일은 정으로 처리해도/ 공적인 사무는 이치로 처리한다" "과거 미래 연연하지 말고 현재 것만/ 잘 관리토록 하여 잘 내려놓으면 모든 것/ 포옹 소유할 수 있다" "탐욕이 없고 집착이 없으면/ 존엄을 지킬 수 있고" "자아 득실을 버리면 곧 얽매임에서 벗어난다"는 깨우침이다. 시가 잠언箴言이어서도 법

文法文이어서도 안 되는 시적 환치換置망을 시인은 이미 체득하고 있는 경지이지만, 시인의 나이와 시의 표정엔 상관이 이어질 수밖에 없다는 이해로 다가서는 것이 맞겠다.

    인내와 고통을 수반하는 오늘
    이미 나를 위로했던 한 시절 생각
    꽃 지던 날을 기억하듯이
    무릇 세상 모든 것은
    아직도 잎 푸른
    맹세처럼 동행하는데

    세상이 낯설고 황폐한
    모든 익숙한 것은
    일견 비밀스럽게 나를 멀리하고
    나는 이리도 서럽고

    온전한 방향 하나의 사색으로
    오늘도 아득한 경계 밖에서
    나의 면식을 불러보는 아우성들
    혼돈의 중심에서
    억압을 고정한 채 하늘 높이 닿는
    새들의 침묵을 읽는 밤

          - 「오늘의 명상」 전문

시인의 삶이 투사鬪士일 필요는 없겠지만, 내면에 엄혹한 의식을 지니고 작품이나 세상에 다가가야 함이 옳다. 시인이 시를 쓰는 지난함을 감내하는 데는 자기만족도 있겠으나, 진일보進一步, 세상을 정화하여 밝음으로 안내해야 하는 소명 의식이 잠재해 있기 때문이다.

맑은 호수 같은 정신을 지닌 천미川尾 시인의 제9집에 수록된 작품 전체의 기저基底가 되는 가르침도 그러하다. 부디, 시인의 생물학적 연세가 더디게 흘러서 후학들에게 끊임없는 자극이 될 삽상颯爽한 시작詩作이 오래토록 이어지길 바라며, 군더더기 없이 맛깔스런 작품 「오늘의 명상」을 마무리로 소개한다. "세상이 낯설고 황폐한/ 모든 익숙한 것들은/ 일견 비밀스럽게 나를 멀리하고/ 나는 이리도 서럽고" "온전한 방향 하나의 사색으로/ 오늘도 아득한 경계 밖에서/ 나의 면식을 불러보는 아우성들/ 혼돈의 중심에서/ 억압을 고정한 채 하늘 높이 닿는/ 새들의 침묵을 읽는 밤" 시인의 깊은 고뇌를 함께 답습踏襲하기로 하고 시론을 닫는다.

잠언의 죽비로 그려진 십우도十牛圖
- 현형수 시인의 시 세계 -

박 종 래(시인·평론가)

천미 현형수 시인이 10번째 시집「아직도 여울지고 있을까」를 상재上梓한다. 밤하늘의 은하계 별처럼 무수한 시인들이 나타났다 스러지는 성운星雲 같은 문단에서 10번째 시집을 상재한다는 사실 하나만 해도 시인의 저력底力과 줄기찬 창작의 열정을 미루어 짐작할 수 있다. 시인의 프로필로 유추해 볼 수 있는 활동적이고 왕성한 필력筆力에 존경의 념念을 보내지 않을 수 없다.

현형수 시인이 보여 주는 이번 역작力作「아직도 여울지고 있을까」에서는 시인의 어떤 음성을 듣고 모습을 만나며, 득도得道의 경지에 이른 사유思惟의 세계를 함께 거닐지 설렘으로 심미안審美眼을 다듬는다.

우리나라의 대부분 사찰에 가면 대웅전 옆면이나 뒷면에 커다랗게 이어진 소牛 그림이 있는 곳을 만날 수 있다. 조금씩 이야기를 달리하는 10개의 소牛 그림인데 이것이 십우도(Ten Bulls)이다. 선불교에서 견성見性에 이르는 참선 수행의 과정을 10개의 그림으로 나타낸 것이다. 십우도十牛圖는 불교의 '사마타 수행'을 그림으로 표현한 것이다. 사마타 수행 후 '위빠사나 수행'을 해야 비로소 깨달음을 얻는다. 현형수 시인의 잠언은 아직 십우도에도 이르지 못하는 중생을 향해, 그리고 한 걸음 더 나아가면 내면 깊숙이 자신을 향한 세찬 죽비竹篦의 울림이다.

1. 심우尋牛 – 동자승이 소를 찾고 있다.
2. 견적見跡 – 동자승이 검은 소의 발자국을 발견하고 따라간다.
3. 견우見牛 – 동자승이 검은 소의 꼬리를 발견한다.
4. 득우得牛 – 동자승이 검은 소를 붙잡아 고삐를 건다.
5. 목우牧牛 – 동자승이 소의 코뚜레를 뚫어 길들이며 끌고 가자, 검은 소가 머리부터 흰색으로 변한다.
6. 기우귀가騎牛歸家 – 흰 소에 올라탄 동자승이 피리를 불며 집으로 돌아온다.
7. 망우재인忘牛在人 – 흰 소도 없고 동자승만 앉아 있다.
8. 인우구망人牛俱忘 – 흰 소도 동자승도 없다.
9. 반본환원返本還源 – 강물은 고요하고 꽃이 핀다.
10. 입전수수入廛垂手 – 세속의 저잣거리로 들어가(입전), 중생에게 손을 드리운다(수수).

선불교 십우도十牛圖는 도교의 팔우도에서 가져온 것인데, 도교의 팔우도는 인우구망人牛俱忘의 일원상이 마지막이다. 일원상을 보는 단계를 도가에서는 장자의 좌망坐忘이라고 했다. 십우도의 과정을 거쳐 위빠사나 길로 가던 깊은 심성의 암자에서 명경지수明鏡止水 같은 시인은 도교의 팔우도의 마지막 황홀경인 일원상一圓相을 본다. 그리고는 온 우주가 하나의 장엄한 아우라의 일원상임을 발견하며 십우도十牛圖의 마지막 그림과 연결하는 잠언箴言을 설파한다.

입전수수入廛垂手, 아직 십우도의 첫걸음에도 이르기는커녕 깨닫지도 못하는 중생들이 복마전처럼 복작거리는 세속의 저자 속으로 휘적휘적 걸어가며 부르는 오도송悟道頌「아직도 여울지고 있을까」속으로 옷깃을 여미는 순례자의 걸음을 옮긴다.

1부. 아직도 여울지고 있을까

    소리 없이 날아와 그리움 한마음
    가지 끝에 걸어두고
    혹시나 서로를 잃을까 봐
    수십여 성상 보고 지고
    언젠가
    어렴풋이 하나가 될 영감에 정녕 가슴 아리어
    두 손 맞잡고 맹세한 그 사람
    어느덧 출렁이는 세월에
    안 보이는 그림자 하나
    별밤에 자꾸만 서로
    눈 기울어도 보이지 않는 그대
    지금도 어느 하늘에서
    그리움으로 여울지고 있을까

            - 나의 원앙아「아직도 여울지고 있을까」전문

흡사 십우도十牛圖 중 일곱 번째 그림인 망우재인忘牛在人을 마주하는 것 같다. "옷깃만 스쳐도 인연이다."란 말이 있다.

세상의 모든 인연과 만남은 아무렇게나 주어지는 것이 아니라는 말이다. 이 말은 불가佛家에서 생겨난 말로 보는 견해인데, 불교에서는 우주의 중심에는 그것을 이루는 거대한 수미산須彌山이 있다고 주장한다. 수미산은 고대 인도의 우주관宇宙觀에서 세계의 중심에 있다는 상상의 산이다.

산의 하부는 바람의 수레바퀴가 둘러 있고, 중간에는 물의 수레바퀴, 상부는 금의 수레바퀴가 둘러싸고 있다고 한다. 상부의 금의 수레바퀴 위에는 9개의 산과 8개의 바다가 둘러싸고 있고, 산 맨 아랫부분은 하나의 크기가 40리나 되는 바위들로 대를 이루어 수미산을 둘러싸고 있다는 것이다.

이 바윗돌 위에 백 년마다 한 번씩 선녀仙女가 내려와 바위에서 춤을 추는데 그때 선녀의 얇은 치맛자락이 가볍게 스치면서 바위가 닳는데, 한번 내려오는 백 년을 일겁一劫이라 한다. 하물며 남녀가 만나 서로 사랑을 키우고 꽃피우며 열매에 이른 부부의 연이야 새삼 뭐라 말하겠는가? 두 사람이 부부의 연으로 행복하게 이생에서 보낸 인연도 생멸의 윤회에 따라 지워지고 나타나는 환環의 세계임을 간파看破한다. 아름답고 소중한 부부의 연도 시절인연이 다 하면 멀어지는 것이 법계法界의 이치이면서 생멸生滅이 끝이 아닌 연緣이 이어지는 연결 고리임을 시인은 멀어진 인연이 그리움으로 여울지는 하늘을 바라본다.

한 줌의 간직은 무한한 희망이 있는 것이고
괴로움과 어려움을
구원하는 자는 보살이고
괴로움과 어려움을 겪는 자는 대보살이다

생 노 병 고
초월하는 삶의 원칙은 즐겁게 살고
죽음을 두려워하지 말고
죽음을 기다리지 말기다

죽음은 경사도 장례도 아닌
장엄한 불사일 뿐 모든
자녀는 부모의 성장을 돕는 작은 보살이다

청소년을 대함에 있어서
걱정보다 관심을
통제보다 유도를 권위보다는 상담을 하고
자녀를 사랑한다면 걱정을 하느니
축복을 해주는 것이 낫다

─「장엄한 불사일 뿐」전문

생로병사生老病死의 철리哲理에서 벗어날 사람은 아무도 없다. 그것을 시인은 이 시에서 생. 노. 병. 고로 사死를 고苦로 치환한다.

죽음은 끝이 아니고 초월하는 자에게는 영원에 이르는 관문이며 업장을 소멸시키는 방편이기에 무한한 희망을 노래한다.

그리고 득도得道의 경지에서의 다음과 같이 설파說破한다.

- 중략
괴로움과 어려움을
구원하는 자는 보살이고
괴로움과 어려움을 겪는 자는 대보살이다
- 중략
죽음은 경사도 장례도 아닌
장엄한 불사일 뿐 모든
자녀는 부모의 성장을 돕는 작은 보살이다

- 「장엄한 불사일 뿐」 부분

죽음은 경사도 장례도 아닌 통상의 범주를 조금 넘는 불사이며, 그 불사를 치르는 자녀를 비롯한 후손들은 유명을 달리한 부모의 업장을 소멸시키고 부처의 경지로 한 걸음 나아가는 불사를 담당해 주는 작은 보살이라고 역설逆說한다.

2부. 마음을 돌리면

　시인의 이번 시집은 그가 추구하는 종교적 가치가 확연해지는 색상이 곳곳에 짙다. 흡사 인적이 드문 깊은 산속 암자에서 수행하는 비구比丘처럼 간간이 자신을 채근採根하는 엄한 죽비소리가 뼛속 깊이 울리는가 하면 사바세계娑婆世界를 향한 게송을 거침없이 설파하는 모습이다.
　2부에서는 「번뇌즉보리煩惱即菩提」라는 깨달음의 시편이다. '번뇌즉보리'란 말은 깨치지 못한 중생의 어리석은 견해로 보면 미망의 주체인 번뇌煩惱와 깨달음의 주체인 보리菩提가 다른 것이지만, 깨친 입장에서는 번뇌와 보리가 하나라 아무 차이가 없다는 말이다. 모든 법이 실상은 공空한 것이기 때문에 번뇌도 공이요 보리도 공이라, 다 같이 공이기 때문에 번뇌가 곧 보리인 것이다.

　　번뇌는 즉 보리이다
　　번뇌가 없다는 것이 아니라
　　비록 번뇌는 있으나
　　이를 번뇌로 여기지 않고
　　마음의 평온하고 태도가
　　온화하면
　　생활은 즐거워질 수 있다
　　노여울 때는
　　돌이켜 자기를 비추어 보고

배워 익혀
자기의 신념의
왜 노여운가를 자문한다
걱정을 하면 일이 생기고
걱정을
놓으면 아무 일도 없다

- 「걱정은」 전문

생명을 가진 인간이라면 잠시라도 염려와 걱정에서 놓임 받아 언제나 자유를 누리는 사람은 드물다.

세계 제1차 대전이나 2차 대전에서 사망한 사람들의 사인을 조사한 결과 총 칼 따위의 전쟁 무기와 폭격 등으로 사망한 숫자보다 훨씬 더 많은 사람이 두려움이라는 걱정 때문에 사망한 통계가 있다.

그런데 시인은 위의 시에서 「번뇌즉보리煩惱郎菩提」라는 법화경法華經의 진수로 중생들이 걱정에서 벗어나 평안할 수 있는 '마음 챙김'의 길을 노래한다. 번뇌도 텅 빈 허상虛想이며 나아가 평안마저도 유類를 같이하는 공호임으로 모든 것은 마음먹기에 달렸다는 일체유심조一切唯心造의 법화경華嚴經과 맥을 같이한 게송으로 우리를 이끈다.

3부. 행복한 인생

제3부는 엄격한 계율의 죽비竹篦를 잠시 내려놓은 휴식과 같은 부분이다.

'개똥밭에 굴러도 이승이 좋다'란 속담이 있다. 중국 사람들이 특별히 좋아하는 속담이다. 아무리 고생스럽고 천하게 살더라도 오래 살기를 바라는 말일 것이다. 거기다 부귀영화까지 누리고 있다면 말할 나위가 없는 금상첨화錦上添花일 것이다.

옛날 중국 춘추전국시대 때 제나라에 '경공'이라는 왕이 있었다. 그는 자기가 다스리는 전국을 순방하며 유람하다 우산于山이라는 곳에 이르러 눈물을 흘리며 탄식했다. '이렇게 크고 아름다운 나라를 두고 과인이 어찌 죽을 수 있겠는가?' 한 나라의 왕이 되어 모든 권력과 영화를 누리는데, 죽어야 한다는 인간의 수명이 유한有限하다는 것을 한탄한 것이다.

그러자 곁에 있던 측근과 신하들이 안타까워하며 함께 눈물을 흘렸다. 그런데 '안영'이라는 재상이 홀로 울지도 않을 뿐만 아니라 웃고 있는 것이 아닌가? 왕은 화가 나기도 하고 의아하기도 해서 눈물을 멈추고 물었다. "과인은 오늘 천하절경天下絶境을 유람하면서도 인생의 유한함에 슬픔을 느꼈소. 그리고 모든 신하도 그 슬픔의 이유에 공감하여 울고 있거늘 경만이 비웃고 있으니 무슨 까닭이요?"라고 화난 음성으로 물었다.

안영이 대답했다. "어진 사람이라 해서 항상 세상을 차지하고 죽지 않는다면, 강태공이나, 환공께서 지금까지 나라를 차지하고 있었을 겁니다. 그렇다면 임금님은 어떻게 왕의 지위에 오를 수 있었을까요? 차례로

왔다가 차례로 가는 것이 세상 이치이어서 지금은 주상께 이어져 온 것인데 그런 것으로 눈물을 흘리시다니 이는 어질지 못하기 때문입니다. 어질지 못한 군주와 아첨을 일삼는 신하들을 보며 홀로 웃었던 것입니다."

개똥밭 같은 이승도 행복하게 살아가는 길은 지나친 욕심을 버리고 각자에게 주어지는 시절 인연을 소중히 여기라고 말한다. 자중자애自重自愛를 바탕으로 남을 나보다 귀하게 여기는 이타심利他心으로 칭찬과 격려, 위로를 아끼지 않는다면 서로 소통을 통한 열매를 맺으며 인연의 소중함을 누리는 것이야말로 이승에서도 행복을 누리는 삶이라는 시인의 잠언이다.

항상 곳 사람의 안락을 자신의
안락으로 여기고 중생의
행복을 자신의 행복으로 삼는다면
이는 필히 평안한 사람이다
사람은 모두 남에게
도움을 주고
진심으로 남을 칭찬하고 격려하고
위로하며 남을 북돋아 주고
소통하고 인도하여 주는 사람이
바로 남을 돕는 것이다
꽃이 피고 열매를 맺는 것은

자연현상이며
꽃이 피었으나 열매를 맺지 못하는
것도 또한 정상적인 일이니
이것이 바로 인연이다

- 「인연」 전문

4부. 통달과 지혜

   3부에서의 숨 고르기를 마치고 다시 부처님의 삼보의 세계로 돌이킨다. 불교를 다르게 표현한다면 *불佛 *법法 *승僧 삼보라고 할 수 있다.
   이것은 대승이든 소승이든 구별이 없이 가장 중요시하는 불교의 토대다. 삼보 중 *불佛은 석가모니가 35세 되던 해 12월 8일 이른 새벽에 대각大覺을 이루고, 생노병사生老病死의 근원을 단멸斷滅하고, 열반에 이르는 눈을 뜨게 된 자, 즉 불佛이 되어 불보佛寶가 성립된다.
   이러한 법락法樂을 다른 사람에게 나누어주기 위해 베나레스 교외의 녹야원에서 고행 중인 다섯 사람의 수행자를 만난다.
   부처는 이들에게 쾌락과 금욕의 양극단을 배제하는 중도와 사제, 팔정도, 십이연기 등의 법을 설하였다.
   이것이 불교 경전의 효시曉示로 법보法寶다. 이 설법을 듣고 최초의 제자인 5비구니가 나타나 승보僧寶를 이룬다.

복은 많든 적든 모두

배양하여야 하며

은혜를 알고 마음에 두고

필히 갚아야 한다

자비심은 원수를 풀어 주고

지혜는 번뇌를 쫓아낸다

공경하는 마음으로 *삼보를

보호하고

받쳐 주며 청정한 마음으로

불법을 널리 알리고

중생을 이롭게 한다

감사하는 마음으로 생활을

체험하고

정진하는 마음으로

생명을 선용한다

부끄러워하는 마음은 복덕을

증가시키고 참회하는

마음은 죄업을 소멸시킨다

*삼보 (부처의 가르침과 제재)

– 「공경과 청정」 전문

구슬이 서 말이라도 꿰어야 보배라는 속담이 있다. 즉 아무리 소중한 것이 있을지라도 그것의 귀함을 모르고 버려두거나 무시해버리면 아무 소용이 없다는 말이다.

그런데 그 소중한 것을 만나고 내 것으로 소유하며 누리기 위해서는 먼저 그 대상 즉 삼보에 관한 공경의 마음 바탕이 마련되어야 한다.

그리고 자신을 비우고 전심으로 청정을 이루면 삼보를 만날 뿐 아니라 누리게 된다는 가르침이다. 시인의 깨달음의 지혜를 「공경과 청정」은 전수하고 있다. 파사현정破邪顯正의 죽비다.

    주위 환경은 우리의 거울이다
    자신의 언행이나 행동거지가 남을
    놀라게 하거나 불편하게 만들거나 또는
    못마땅하게 여기도록 만든다면
    곧 반성하고 뉘우치며 개선한다
    마음은 우리의 스승
    우리의 마음은 언제 어디서고
    바로 지금 하는 일과 처해 있는 환경과
    하나로 되면 바로
    정토 안에 있는 것인데 즐겁든 괴롭든
    타인의 평판에 의해 마음이
    움직이거나 영향을 받는다면 이는 곧
    자신의 마음을 제대로 보호하지 못했고

마음의 환경보호를 못했음이다
성나는 것은 신체상 관념상 혹은 기타
오인이 불러일으킨 번뇌일 뿐
꼭 수양이 부족함을 의미하지 않고
마음 안을 잘 비춰 보고 지혜로 번뇌를
없앨 수 있다면 곧
자기를 해하거나 남을 해하지 않는다

- 「신심의 환경보호」 전문

지금 세상은 인간의 탐욕으로 빚은 환경 파괴로 몸살을 앓고 있다. 숨 쉬는 공기, 마시는 물, 먹는 음식은 말할 것도 없거니와 바다까지도 우리가 편함을 위해 쉽게 쓰고 버린 폐비닐 따위로 오염되어 해초, 물고기 등을 마음 놓고 먹을 수 없는 지경에 이른 것이다. 오히려 그런 폐기물로 인간의 생명이 직간접적으로 위협 앞에 놓여 있는 시대다.

시인은 이런 절체절명絶體絶命의 급박急迫한 문제의 해결 방법을 그가 가진 신심信心에서 찾아 우리에게 통렬痛烈하게 전한다. 부디 네 신심부터 잘 보호하여 건강하게 유지하며, 다른 이를 해害하지 않으려는 중생심衆生心이 자리 잡으면 저절로 해결로 갈 방향이 된다고 변죽을 울린다.

5부. 성숙하게

'깨달음'이라는 범인이 가히 범접하기 어려운 경지의 현형수 시인의 신앙의 세계가 죽비竹篦의 은유로 다듬어진 잠언 시집을 한편의 설법을 만나는 경이로움으로 조심스러운 발걸음이었다.

이제 마지막 소제목 '성숙하게'에서 두 편의 시를 택하며 마치 서정주 님의 명시 '국화 옆에서'를 대하는 듯한 감을 떨칠 수 없다. 인생의 굴곡진 모든 여정을 거쳐 거울 앞에 선 중년 여인의 상념 화두는 무엇이었을까?

젊은 시절 보암직도 하고 먹음직도 하고 지혜롭게 할 만큼 탐스럽기도 한 선악과善惡果의 허상을 추구하며, 마치 얼이 빠진 것처럼 휘둘리며 살던 번잡함에서 벗어나는 여인. '헛되고 헛되며 헛되고 헛되니, 해 아래 모든 것이 헛되도다' 지혜의 왕으로 불리던 '솔로몬' 말년의 탄식처럼 말이다. 하지만 시인은 자칫 빠지기 쉬운 허무주의를 배격하고 마지막 순간까지 본인 신앙의 기저基底에 깔린 신심信心으로 게송을 읊조린다.

동서남북 사방이 모두
좋은 곳이요
다니고 머물고 앉고 눕는 모두가
도를 닦는 것
항상 진심으로 부끄러움을 알고
뉘우치며 은혜를 갚는 것이

제일 높은 품위이다
도를 닦는 이는 진실하게
한 삶이었다.

도인은 여인에게 집에 무엇이 남았느냐고 물었다. 여인은 기름 한 방울과 밀가루 한 줌이 있는데 그것으로 빵을 구워 마지막으로 아들과 먹고 죽으려고 한다 말했다. 그러자 도인은 그 밀가루로 빵을 구워 자기에게 공양하라고 했다. 여인은 말도 나오지 않게 기가 막혔지만 범상치 않아 보이는 도인의 말대로 했다. 빵을 남김없이 다 먹은 도인은 여인에게 집에 그릇을 모두 가져오라고 했다. 평소 가난하기 짝이 없는 집안에는 그릇조차 몇 개 없었다.

도인은 이웃에 가서 할 수 있는 대로 그릇을 빌려오라고 했다. 여인이 도인의 말대로 하자 방문을 닫은 도인은 작은 그릇에서부터 큰 그릇에까지 한 방울 남은 기름으로 채우기 시작했다. 그런데 한 방울밖에 없던 기름이 빌려온 그릇까지 모든 그릇이 채워질 동안 끊임없이 나오더니 마지막 그릇이 채워지자 멈췄다. 도인은 놀란 여인에게 그 기름으로 아들을 기르고 기근을 헤쳐 나가라고 하고는 떠났다.

마음을 열고
서로 성실로 대하고
사념과 악념이 없어야 한다
즉 곧은 마음이

바로 도량道場이라는 것이다
괴로움이 떠오를 때
대항하지 말고 부끄러워하고
뉘우치는 마음의 감사함으로
이를 없앤다

- 「도량」 전문

어느 나라에 몇 년째 가뭄으로 흉년이 계속되었다. 일반 백성은 물론이고 궁궐까지 빈핍貧乏함이 몰려와 온 나라가 굶주림에 허덕이며 심지어 굶어 죽는 사람마저 속출했다.

그래도 왕궁이 있는 도심은 별반 다르지는 않았지만 시골 깡촌보다는 나았을 것이다. 그런데 그 시골에 도道가 출중出衆한 사람이 나타났다. 그리고는 마치 계시를 받은 것처럼 망설임 없이 그 시골 마을에서도 가장 찢어지게 가난한 한 과부의 집을 찾아갔다. 그 과부는 어린 아들 하나만 데리고 사는 외롭고 가난한 거울 앞에 돌아온 누이 같은 꽃은 우리에게 마음 그릇의 크기를 키우라고 속삭인다. 그것도 도가 무지無智의 동맥경화動脈硬化로 막힘이 없이 진리가 순행할 정도의 크기의 그릇을 말이다.

과거 연연할 것 없고
미래 역시 걱정할 필요가 없다

바로 지금 성실하게 살면
곧 과거와 미래가 있는 것이다

지혜는
지식이 아니고 경험도 아니고
사변도 아닌 자아를 초월한 것

인생을 살며 겸손은 만점인데
자기중심으로 욕망이 크면
클수록 커지는 불안
상급인은 마음을 도에
안착하고 있고
중급인은 마음을 일에 안착
하여 있고
하급인은 마음을
명리와 물욕에 악착하고 있다

- 「현재」 전문

문태준 시인의 시 「맨발」에 어물전 개조개가 촉수를 내밀었다가 도로 거두어가는 것을 마치 죽은 부처가 맨발을 관 밖으로 내민다는 표현하는 구절이 있다. 열반의 지경에서도 남겨지는 제자들에게 삶은 취할 것이 아무것도 없다는 법문을 베푸는 것이다.

  시인은 부처님의 가르침처럼 부질없는 것들에 휘둘리지 않고 온 우주 법계의 중중무진重重無盡의 연기법緣起法에 따라 각자에게 주어지고, 스쳐 지나는 시절인연時節因緣에 집착하지 말고 관조觀照하라는 것이다.

  유의조작有意操作을 버려 연연하지 말고 부처가 내민 맨발처럼 아무것도 움켜쥔 것이 없는, 빈空 마음으로 초연하라는 잠언이다. 시집 전체가 불교의 법문을 설파한 것 같은 묵중한 깊이 와 무게감으로 점철點綴된, 마치 사찰 벽화로 그려진 십우도를 마주한 느낌이다. 흰 소를 타고 피리를 부는 동자승같이 고고한 시인의 5부의 시편을 탐독耽讀했다. 대부분 은유로 함축되어 있고 때론 환유의 기법으로 돌이키는 마술 같은 시인의 언어적 서술 기법 속에 오롯이 녹아 있었다.

  이제 시인이 보여 준「잠언의 죽비로 그려진 십우도十牛圖」병풍 속에서 소를 찾는 아둔한 걸음을 멈춘다.

  현형수 시인의 다음 시편詩篇에서는 어떤 변모로 성장하며 확산하는, 새로운 지평을 보여 줄 시인의 신세계를 만날까 기대한다.

  닫으며 10번째 시집「아직도 여울지고 있을까」의 상재를 축하드리며 졸평卒評을 마친다.

무공해無公害 정서와 의식의 청정성淸淨性
- 현형수 詩人의 시와 시평 -

복 재 희(시인·수필가·평론가)

1.

　산책길 소묘 시인의 의식은 원초적인 방향을 향해 항상 문을 열어 놓는다. 다시 말해서 시인의 정서는 그가 처음 태어난 흙과 물과 공기에서 벗어나는 것이 아니라 일생 동안의 정신을 지배하는 요소로 자리 잡아 살게 된다는 의미이다. 어린 시절의 고향 산천, 접했던 환경 등은 어른이 된 현실의 공간에서도 변함없이 남아 있어 수구초심首丘初心의 방향을 결정짓게 된다는 점에서 인간은 원형을 지향하는 특성을 갖는다.
　어릴 때 즐겨 먹었던 음식이나 친구들과 함께했던 추억들 이런 요소들은 결코 없어지는 것이 아니라 정신의 중심에 남아 있어 밖으로 나오려는 속성을 갖기 때문에 의식의 출구는 현재 상황과 과거의 요소들이 겹쳐지면서 삶의 현재를 이루어 간다. 의식을 표출하는 방도가 시에 이르면 함축적인 현상으로 엮어지면서 일단의 표정을 언어화하게 된다는 것도 위에서 언급한 일들과 일치하게 된다.

　현형수 시인의 시는 도시적인 메커니즘이기보다는 오히려 녹음이 우거진 자연과 명상의 결합에서 느끼는 다감성과 맑은 내면의 깊이를 발견하는 시적 특질이 들어 있어 새벽 산책길에 만나는 여러 자연의 소묘를 시의 표정으로 담아내고 있다.

　부산이라는 도시에 살지만, 시인의 정서엔 자연의 수채화에 더 마음이 우선하는 듯하다.

　　으슥한 답안 골
　　아침 새벽 청산 골 금빛 뭉게구름
　　우뚝 솟은 창공에 갈
　　까마귀 떼들 새끼와 함께 녹음 우거진
　　아침 길을 난다

　　생각들을 조용히 거느리고
　　물끄러미 숲속의 산책길을 바라보며
　　푸른 잎 감로 같은 이슬
　　사냥하는 일벌들
　　새 아침을 유람한다

　　소담스레 나누는 명상 속의 깊은 얘기
　　나이를 헤어 보는 동안

시방 살아 있는 모든 것들이
소싯적 고향의 그리움처럼 일제히
길을 나선다

- 「아침 새벽 산책」 전문

자연과 시인의 많은 이야기를 내포한 풍경을 만나게 된다. 바쁠 것도 없는 "물끄러미 숲속의 산책길을 바라보는" 시인의 명상 시간은 독자로 하여금 피톤치드 향기와 함께 푸르름에 안내하여 시인과 함께 그 산책길의 소묘를 오감으로 느끼게 함은 물론 깊은 들숨을 쉬게 하는 청정미를 선사한다.

"새벽 청산 골에 피어오르는 금빛 뭉게구름"은 환상적인 수채화로 시각적인 정서를 전해 주고 "새끼들과 함께 나선 까마귀 떼들"에서는 청각적인 감각을 일깨워 귀가 맑아지는 상상을 전해 준다.

또한 "푸른 잎 감로 같은 이슬"이라는 표현은 혀끝으로 이슬을 받아 먹고 싶은 상상을 부추겨 미각적인 매력 내지는 톡 터뜨려 보고 싶은 촉각까지도 선사한다. 일벌들이 꽃에서 꿀을 얻는 사냥으로 숲속을 유람한다는 표현에서는 달콤한 꿀을 연상케 하는 후각까지 동원되어 오감五感을 총동원하게 하는 현 시인은 서정성에선 상당한 시인이라 확인된다.

궁극에는 "시방 살아 있는 모든 것들이 소싯적 고향의 그리움처럼 일제히 길을 나선다"며 동심으로 회귀하며 탈고를 한다. 시의 구조는 현재의 산책길을 제시하지만, 시인의 정서는 소싯적 과거를 지향하는 수구초

심수丘初心으로 동심의 지향성을 내포하고 있기에 독자들로 하여금 시인과 함께한 이른 아침 산책길이 삽상颯爽했으리라 확신한다.

2. 어디쯤 갔을까 그 물소리

시의 가치는 시인의 주관적인 요소와 대상의 객관적인 요소가 하나로 통합되는 종합으로부터 미적 창조를 이룩한다.

시인 자신의 발견에서 대상을 바라보는 통찰력의 깊이는 시인의 생활과 지혜의 결합이 기교적일 때 시의 품격은 보다 고급한 의상을 입게 된다.

이때 시는 결코 어려운 미로를 제공하는 현학적인Pedantic 것이 아니라 친근미를 부추기는 평이함에서 자아내는 함축성이 더욱 필요하다.

현 시인의 시는 긴축적인 언어 기교를 단순화시켜 서정성의 배가를 묘미로 처리하는 능력이 상당한 시인이다. 자연에서 얻은 표정을 순박하게 관리하는 -이는 그의 배려 깊은 심성형성心性形成과 시적인 상관이 맺어져 더욱 깊이 있는 서정의 세계를 구축하고 있다는 확인이다.

물소리가 밤새
들리더니 지금은 어디쯤 갔을까
눈 부스스 뜬 새벽
별들의 이마를 지나 바람들과
적당한 온기를 나누고 산수유 마을

건너다 전설이나 신화를 들으며
지금 몇백 리 먼
산기슭에 닿아 천지가
지척인 듯 꿈꾸고 있는 물소리들

산바람에 산수유꽃
금빛 파도처럼 일어선
한 마을의 영롱한 아침을 깨우고
혹은 설레는 마음의 무늬지는
축복 같은 하루의
먼동 트는 물소리
어디쯤 닿고 있을까
그대의 귓전을
메아리로 치던 그때의 그 물소리

- 「물소리」 전문

　　현형수 시인의 시는 고요와 맑은 정서가 특질이다. 이는 가슴속에 내재된 진실의 암시이기도 하고 정서 현상에서 나오는 삶의 낮은 자리를 찾아가는 순수의 표백이기도 하다는 느낌을 준다. 공격적이기보다는 수세적守勢的이고, 내보임보다는 안으로 보듬는 정적인 특성을 우선시하면서 시의 의상을 채색한다.

노자가 말한 상선약수上善若水도 물은 위로 오르려는 것이 아니라 아래로 아래로 내려가는 낮음을 겸손을 비유한 말이다. "물소리 밤새/ 들리더니 지금은 어디쯤 갔을까/ 눈 부스스 뜬 새벽 부스스 새벽에 일어난 시인은 밤새 들리던 물소리 어디쯤 갔을까?라는 의미가 풀어쓴 형식이라면 현형수 시인은 "눈 부스스 뜬 새벽"을 3행에 도입함으로써 시적 비틀기 장치망을 도입하여 시에 감칠맛을 살렸다.

더욱이 시의 첫 행은 신神이 주신다고 보면 완벽한 도입이라서 필자에게도 기쁨이 솟는다. 육화된 물소리는 "천지가 지적인 듯 꿈을 꾸고" "한 마을의 영롱한 아침을 깨우고" 어디쯤 닿고 있을까? 궁금중을 도출하면서 그 물소리를 따라 몇백 리 거리를 넘나드는 시적 공간을 확보한다. 시인의 예민한 촉수는 땅속 지렁이 울음소리도 듣고 설레는 마음에 무늬를 그리는 물소리도 볼 수 있음이다. 시인은 여느 사람과 다르기 때문에 가능하다는 결론이다.

현 시인의 시어들이 결코 나긋한 표현이 아님이 명징하다.

3. 시인의 의식 고찰意識考察

시인은 시에 자신의 운명을 걸고 살아가면서 시를 찾아 방황하고 시의 맥脈을 위해 온갖 고초를 감내하면서 오로지 시의 향기를 추적하는 생애를 살아가는 존재일 것이다.

시는 찾는다 해도 결코 쉽게 얼굴을 드러내 주지 않고 순간 왔다가 순간 사라지는 신기루와 같은 마치 안개 속에서 보물찾기하는 방법과 같을지도 모르겠다. 더욱이 시인의 시심이 혼탁해지는 상황이나 평안한 일상이 아닐 때에는 결코 한 줄의 채움도 난감이 고작일 뿐이다. 그러하기에 시인이 시를 쓰는 일은 신을 만나는 의식과 견주어도 과함이 아니다. 늘 정갈한 마음과 상대를 배려하는 겸양은 물론 겸손이 기저에 자리해야 좋은 시를 탄생하게 하는 시적 자궁이 되는 지름길 -내려놓는 마음자리이기 때문이다. 현형수 시인의 「교만」을 만나 보면 그 해답을 찾게 된다.

오늘을 지키며 살아감에 있어
이득을 취하려는 행동은
본심을 해치는 것이 아니라
본심이 두려워 잘못된 생각에
사로잡혀 있다는 것
애욕도 성장을 가로막지 못하는데
그보다 해로운 것은
어설픈 총명
자기 스스로 총명하다고 믿는 것은
교만하게 만드는 것
많은 눈길의 교만은
인생의 지혜와 감격의 오해를 감추고
있는 요소들이다

오늘의 나를 앙금과 교신으로 시험하며
약속의 안 보이는 그곳에서
통곡 같은 절규로
내려놓는 것은 어설픈 총명이다

- 「교만」 전문

'너 자신을 알라(그리스어-그노티 세아우톤)'는 우리가 소크라테스의 말로 잘못 알고 있지만 원래 델포이 신전 입구에 새겨진 격언이다. 아리스토텔레스의 '중용'이라는 덕목도 근원으로 올라가면 '자신을 알라'에 이르게 된다. 자신을 아는 것은 자신의 깜냥을 받아들이는 겸손에 다가서라는 격언이다. 자신을 정확히 아는 자리에 서면 겸손이 자리하게 되고 본심을 저 버리는 교만에 이르지 않으며 시인의 통곡 같은 절규도 잠잠해지는 이치이다.

교만이란 단어의 사전적 의미는 살난 체하면서 상대를 무시하고 말이나 행동이 건방지다고 기록되어 있다.

1연에서는 "이득을 취하려는 행동은/ 본심을 해치는 것이 아니라 본심이 두려워 잘못된 생각에 사로잡혀 있다는 것"이라고 교만의 본질을 명확하게 알려 주고, 2연에서는 자기 스스로 총명하다고 믿는 다시 말해 어설픈 총명이 교만이라고 -그것은 인생의 지혜와 감격의 오해를 감추고 있는 요소들이라고 재차 죽비를 들었다.

우리네 삶 속에서 나쁜 사람이 있을까만, 교만인지도 모르고 자만심에 함몰되어 모든 상대에 얄팍한 셈법의 잣대를 들이대고 재단하여 도려내려는 의도가 훤히 보이는 인품도 더러 있기에 시인은 통곡 같은 절규를 토해 낼 수밖에 없음이다.

자연을 사랑하고 고요함을 추구하며 물소리에 귀 기울여 밤을 지새우는 시인의 성정으로 미루어 "앙금과 교신으로 시험하며 약속의 안 보이는 그곳에 서/ 통곡 같은 절규로 내려놓는 것은 어설픈 총명이다"라며 내려놓는 결론에 진입함으로 평정심을 선택하여 겸손에 이른 시인에게 필자도 시인은 그러함이 옳다고 응원을 드린다.

교만을 잠재우는 것은 겸손 외에 더 무엇이 필요할까에 이르면 현 시인의 통곡 같은 절규가 넓은 상상의 보자기에 담겨 독자들의 가슴에 닿아 위로의 파장으로 퍼지리라 확신한다. 산수 후壽의 춘추에 글머리 부여잡고 고뇌하는 현형수 시인의 강령하심과 지향하시는 시적 여정이 순탄하시기를 두 손 모으며 시평을 닫는다.

시가 있어 행복한 현형수 시인

이 석 래 (부산광역시문인협회 이사장)

시집 상재를 먼저 축하드린다. 팔순이 넘었지만 그는 아직도 청춘이다. 열심히 삶을 살아온 그는 열정이 많아 끈기 있게 자신을 갈고닦는다.

경일문학에서 회장을 맡아 활동을 했으며 새부산시협에서 부회장으로 현재 활동하면서 크고 작은 행사에서도 활발한 활동을 하고 있다.

부산문협에서도 주어진 직책에 최선을 다하려는 그는 성실한 자세로 언제나 친화적이다. 그의 시집 속에는 제주 고향이 녹아 있다.

바다 건너 제주도에서 태어나서 유소년 시절을 그곳에서 보내고 육지로 이주해와 부산 사나이로 나이 태엽을 돌리고 있다. 한 사람이 가지고 있는 향수 속에는 喜怒哀樂이 잠재해 있기에 그 잠재력은 우주만큼 넓고 커서 한 사람의 일생을 멀리서 또는 가까운 내면에서 지배할 수 있다.

그렇다면 현형수 시인을 지배하는 것은 '물'의 이미지로 대변되는 자연이다. 그의 시 속에는 "마지막 숨 고르는 바닷가"(「고요로 지는 노을」), "제주의 파도 소리 소리들"(「추억 소묘」), "푸른 바다의 물결"(「바람코지의 돌 담집」), "코발트 빛 바다"(「출산」), "바다 기슭"(「외로움의 한세상」), "새로운 바다의 길을 열고"(「출항 전야」, "강의 하얀 모래 물길에 헹구며 파도는/ 숙명처럼"(「쌍계사의 가을 단풍」), "먼동 트는 물소리"(「물소리」),

"달빛 바다 물결"(「혼적 머문 그길」), "날카로운 빗소리로 닿는데"(「빗소리」) 등 수많은 물의 이미지가 강물로 바다로 자연으로 확장되고 있다.

시인은 그 확장된 자연을 자신의 내면세계로 끌어들이고 있는 것이다.

토머스 칼라일은 "일생의 일을 발견한 사람은 행복하다. 그 사람은 다른 행복을 찾을 필요가 없다"라고 했다. 바로 현 시인을 두고 한 말이다.

현 시인에게 있어 일이란 이제 시를 쓰는 일이다. 자신의 정서를 자연 속에서 육화하고 체화하는 현 시인의 일 즉, 시 쓰는 일은 무한해 보인다.

현 시인은 자연에 자신의 희노애락喜怒哀樂을 대입시키는 능력이 탁월하기 때문이다. 시가 있어 행복한 현형수 시인이다.

잉글랜드의 시인 셸리의 말처럼 "시인은 어둠 속에 앉아 외로움을 달래기 위하여 아름다운 소리로 노래 부르는 나이팅게일이다." 현 시인의 노래가 찬바람을 걷어 내면 "살아 있는 모든 것들이/ 소싯적 고향의 그리움처럼 일제히/ 길을 나(「아침새벽 산책」)설 것이다." 그 길에는 "우주의 새 한 마리가"(「밤새 한 마리」) 날고 "홍매화/ 그윽한 향기"(「선암사의 홍매화」)가 번질 것이다. 봄이 익어가는 것처럼 현형수 시인의 詩作 발전을 기원하며 제7시집이 독자들과 편안하고 친숙한 조우를 기대한다.

현형수 시인 연보

■ **출생**
· 1937년 12월 3일 제주 출생

■ **학력**
· 1951년 풍천초등학교 졸업
· 1954년 표선중학교 졸업
· 1960년 표선고등학교 졸업
· 1991년 2월 1일 한국방송통신대학교 국어국문과 졸업
· 1992년 3월 2일 해동불교대학 불교철학과 졸업

■ **경력**
· 1985년 부동산 공인 중개사 자격증 취득
· 2015년 경일문학 동인회 회장 역임
· 2015년 시사랑 모임회 회장 역임
· 2016년 월간 <문예사조> 시 등단
· 2017년 <수필시대> 수필 등단
· 2017년 한국문인협회 회원
· 2017년 부산 한국문인협회 회원
· 2017년 국제펜클럽 한국본부 회원
· 2019년 새부산시인협회 부회장
· 2019년 부산시인협회 회원

· 2019년 (사)세계문인협회 이사 역임
· 2023년 (사)한국문학협회 부이사장

■ **시집**
· 2016년 「한세상 읽기와 보기」 (도서출판 두손컵)
· 2017년 「언제나 내 안의 당신」 (도서출판 푸름사)
· 2018년 「동행과 순리의 미학」 (도서출판 두손컵)
· 2019년 「아직도 홀로서는 명상」 (도서출판 푸름사)
· 2020년 「건널목에서 세상을 읽다」 (세종출판사)
· 2021년 「우아한 잔 향」 (도서출판 시담)
· 2022년 「바람코지 돌담집」 (도서출판 명성서림)
· 2023년 「마지막 한마디의 말」 (도서출판 명성서림)
· 2023년 「홀로 지키는 마음」 (도서출판 명성서림)
· 2024년 「아직도 여울지고 있을까」 (도서출판 명성서림)

■ **수필집**
· 2022년 「마지막 웃음」 (도서출판 명성서림)

■ **평론**
· 2024년 「현형수시 해설과 평론」 (도서출판 명성서림)

■ **수상**
· 2016년 월간 <문예사조> 신인상 시 등단
· 2017년 「마지막 웃음」, <수필시대> 수필 등단

· 2017년 제12회 세계문학상 시 부문 본상 수상
· 2020년 새부산시인협회장상 수상
· 2022년 한국문학협회 대상 수상
· 2023년 현대계간문학 작품대상 수상
· 2023년 한국예술문학신문 대상 수상
· 2024년 부산문인협회 이사장상 수상

■ 공저
· 2016년 <고향을 그리는 문학> 「화안꽃」 외 1편(문예사조사)
· 2018년 <문학의 향연> 「언제나 내 안의 당신」 외 1편(문예사조사)
· 2018년 <청하문학> 17호 「밤새」 외 1편(도서출판 문예운동사)
· 2018년 <한국을 빛낸 문인> 「새들의」 외 2편(도서출판 천우)
· 2019년 <청하문학> 18호 「내 안의 당신」 외 1편
　　　　(도서출판 문예운동사)
· 2019년 <한국을 빛낸 문인> 「밤의 눈」 외 2편(도서출판 천우)
· 2019년 <숲속의 좋은 문인들> 「가을과 겨울 사이」 외 1편
　　　　(도서출판 문예사조사)
· 2019년 <현대작가> 2호 「한세상」 (한국현대문학작가연대)
· 2019년 <한강의 설화> 「마음의 여백」 외 1편(한강출판사)
· 2020년 <현대작가> 4호 「앞과 뒤돌아보기」
　　　　(한국현대문학작가연대)
· 2020년 <청하문학> 19호 「친구야」 외 1편(도서출판문예운동)
· 2020년 <문학의 향기 가슴으로 흐른다> 「촛불처럼」 외 1편
　　　　(문예사조사)

- 2021년 <시와 수필의 향> 제4호 「쓴맛이 충고」 외 2편
      (도서출판 시담)
- 2021년 <한강의 미학> 「풀꽃」 외 1편(한강 출판사)
- 2021년 <문학의 그 올림의 시간> 「한세월의 세상」 외 1편
      (문예사조사)
- 2021년 <청하문학> 「고독을 읽는 명상」 외 1편
      (도서출판 문예운동사)
- 2021년 <한강의 서정> 제31집 「황야의 꽃」 외 1편(한국시인연대)
- 2021년 <세계를 향한 한·영 시선> 제2집 「흔적 머문 그길」 외 3편
      (도서출판 명성서림)
- 2022년 <시와 수필의 향> 제5호 「달려가는 흰구름」 외 2편
      (도서출판 명성서림)

■ **작품발표**

- 2016년 <문예운동사> 통권74호 「노을 무렵」
- 2016년 <문예사조> 6월호 「측정할 수 있는 거리」
- 2017년 <성지곡에 햇살> 12월호 「단풍잎에 국화 향 숨네」
- 2017년 <수필시대> 통권74호 「마지막 웃음」
- 2017년 <부산시단> 겨울호 「홀로의 한 술」
- 2017년 <문학세계> 12월호 제12회 세계문학상 수상작 「존재」
- 2018년 <부산시단> 봄호 「물억새의 가을」
- 2018년 <문학세계> 5월호 소시집 「비언어적 소통」 외 4편
- 2018년 <부산시단> 여름호 「자존심」
- 2018년 <부산시단> 가을호 「홀로의 가는 길」

- 2018년 <부산시단> 겨울호「섬의 봄」
- 2019년 <국제펜클럽 한국본부> 2월호「산오이풀」
- 2019년 <문예사조> 2월호「겨울 배롱나무」외 2편
- 2019년 <부산시단> 봄호「환상의 바닷길」
- 2019년 <문학세계> 4월호 시향「앙금 사이」
- 2019년 <부산시인> 여름호「추억 속의 명상」외 2편
- 2019년 <부산시단> 여름호「언어의 영상」
- 2019년 <부산시단> 가을호「한 인생」
- 2019년 <문학도시> 7월호「웃음과 신비」외 1편
- 2019년 <부산시단> 겨울호「아직도 홀로 서는 명상」
- 2019년 <문학세계> 12월호「나의 문학관」
  「마지막 말 한마디의 말」외 4편
- 2020년 <문학세계> 1월호「아득한 그곳」
- 2020년 <문학공간> 10월호「독도 괭이갈매기」
- 2020년 <문예사조> 3월호「겨울 산」외 2편
- 2020년 <부산시단> 봄호「새출발」
- 2020년 <부산시단> 여름호「결과보다 과정」
- 2020년 <부산시단> 가을호「일찍 찾아온 단풍」
- 2020년 <부산시단> 겨울호「모진 사람」
- 2020년 <부산사랑> 포토집「태종대 괭이갈매기」
- 2021년 <부산시단> 봄호「서로의 하나」
- 2021년 <문예사조> 4월호「추억 속의 명상」
- 2021년 <문학도시> 5월호「해바라기 앞에서」외 1편
- 2021년 <부산시인> 여름호「콩 자개란」외 1편

- 2021년 <부산시단> 여름호 「내일을 생각하며」
- 2021년 <동서문학> 여름호 「장생의 숲길」 외 1편
- 2021년 <새 한국문학> 8월호 「삶의 굴곡」 외 1편
- 2021년 <부산시단> 가을호 「한세상 읽고 보기」
- 2021년 <문학도시> 9월호 「섬의 밤」
- 2021년 <문학공간> 9월호 「섬의 꽃」
- 2021년 <부산시단> 겨울호 「산 둘레길」
- 2021년 새부산시인협회 <동백섬을 적시는 시> 「섬이 그냥 좋았네」
- 2021년 도서출판 시담 <시와 수필의 향> 「쓴맛이 충고」
- 2021년 <현대계간문학> 겨울호 「황화의 꽃」 외 1편
- 2021년 <문학한국> 10월호 「밤새」 외 1편
- 2021년 <현대작가> 10호 「말 한마디의 행복」
- 2021년 <문예사조> 4월호 「동행」 외 2편
- 2022년 <문학한국> 1·12월 「환시」 외 1편
- 2022년 <부산문인협회> 1월호 '은빛에 물든 포토집' 환시」
- 2022년 <문학한국> 2·3월호 「우두한 나의 삶」 외 1편
- 2022년 <부산시단> 봄호 「뿌리의 미래」
- 2022년 <현대계간문학> 봄호 「아침 새벽 산책」 외 2편
- 2022년 <문학공간> 3월호 「인생사」
- 2022년 <문학한국> 4·5월호 「한밤의 솔바람」 외 1편
- 2022년 <문학세계> 4월호 「섬의 애화」
- 2022년 <월간 한국문학인> 「물소리」
- 2022년 <현대계간문학> 여름호 「여름 한밤」 외 1편
- 2022년 <현대작가> 제12호 「떠난 길 묻다」

- 2022년 <부산시단> 가을호 「바람코지 이야기」
- 2022년 <문학한국> 6·7월호 「여름 숲 정에서」 외 1편
- 2022년 <현대 계간 문학> 가을호 「비운 마음」
- 2022년 <월간 문학도시> 8월호 「고요로 지는 노을」
- 2022년 <문학한국> 8·9월호 「가을의 오면」 외 1편
- 2022년 <문학한국> 10·11월호 「능선을 건너는 노을」 외 2편
- 2022년 <문학한국> 12·1월호 「동행과 순리의 미학」 외 1편
- 2022년 <현대계간문학> 겨울호 「홀로의 한술」